재일한인 북송문제(1959)
국제인권규범 vs 국민주권수호

한국외교협상사례 총서 17

재일한인 북송문제(1959)
국제인권규범 vs 국민주권수호

초판 1쇄 발행 2023년 11월 30일

지 은 이 박정진
발 행 인 윤관백
발 행 처 도서출판 선인
출판번호 제5-77호(1998.11.4)
주소 07912 서울시 서초구 남부순환로 48길 1, 1층
전화 02-718-6252   팩스 02-718-6253
이메일 sunin72@chol.com

정가 13,000원

ISBN   979-11-6068-850-4 94340
         979-11-6068-846-7 (세트)

한국외교협상사례 총서 17

재일한인 북송문제(1959)
국제인권규범 vs 국민주권수호

박정진

선인

서 문

과거 재일한인 북송문제는 외교사 연구의 영역 밖에 있었다. 한국에서 북송문제는 주로 북한 연구의 일환으로서 다루어져 왔고, 일본에서는 '재일조선인운동사'의 논리 속에 '귀국문제'가 되어 왔다. 물론 한일관계사 연구에서 북송문제는 중요한 테마였지만, 관련한 외교문서가 공개되기까지 회고록과 신문기사가 실증사료를 대신해왔다. 북송문제와 관련한 외교 문서의 공개는 2002년 최초의 북일 정상회담이 실현될 즈음 일본에서부터 시작되었다. 일본 외무성이 실시한 제17차 외교문서 공개에서, 북한이 대일 국교정상화를 성명했던 1955년 당시 방북한 일본인 리스트와 북한의 동향 등을 담은 문서들이 포함된 것이다. 북송관련 사항은 미미한 것이었지만, 곧이어 세 번의 계기를 통해 북송관련 외교문서의 공개가 짧은 기간 동안 큰 폭으로 진전되었다.

첫째. 2003년 일본 외무성 아시아국 북동아시아과에 의해 1959년부터 61년 사이에 작성된 북송관련 문서철(『北朝鮮関連領事事務』)이 처음으로 공개되었다. 이 공개는 필자와 공동연구를 진행하고 있던 쓰다주쿠 대학의 다카사키 소지 교수가 북일 평양선언 1년 전에 재정된 '정보공개법'에 근거해 일본 외무성에 개시를 청구한 결과였다. 문서의 출처와 시기가 제한되어 있다는 점에서 여전히 빙산의 일각이었지만, 일본정부의 북송관련 외교문서의 공개결정은 그 자체로 획기적인 것이었다. 그 분량 또한 총 68개 항목 약 2000쪽에 이르는 예상을 뛰어넘은 수준으로, 당시 일본 외교에서 북송문제가 대단히 중요한 사안이었음을 확인시켜 주었다. 뒤이어 개별 연구자들에 의한 추가적인 개시요청이 이루어졌고, 이에 따라 일본에서의 북송문제 연구는 새로운 단계에 진입했다.

둘째, 2004년에는 제네바에 소재한 국제적십자위원회 본사의 문서관에 소장되어 있던 북송관련 문서철(ICRC Archives B AG 232 등)이 비밀해제 되었다. 이 문서철에는 1953년부터 1968년 사이에 국제적십자위원회가 북송문제에 관여하면서 북한과 일본은 물론 한국, 미국, 소련 등 관련 국가들과 교환한 다양한 형태의 문서들과 자료들이 망라 되어 있다. 이들 문서와 자료의 검토과정에서 북송문제의 국제정치적 맥락의 구체적인 윤곽이 가시화되었고, 특히 인도주의라는 베일 안에 있던 일본 정부의 의도가 재조명되었다. 이러한 '발견'과 재해석은 오스트리아 국립대학 테사 모리스 스즈키 교수의 공헌에 의한 것이었다고 해도 과언이 아니다. 이에 자극받아 후발 연구자들이 추가적인 자료발굴을 했고, 이에 기초해 새로운 주장을 펼쳤다. 북송문제가 논쟁적인 테마가 된 것이다.

셋째, 2005년에 한국정부가 한일회담 외교문서를 전면 공개했고, 여기서 총 9권 분량의「재일한인 북한송환 및 한·일 양국억류자 상호석방관계철, 1955-60」의 전모가 드러났다. 필자가 제목으로만 열람했던 문서들을 실물로 처음 접했을 때의 감동은 지금도 기억에 생생하다. 그 외의 각종 문서철에도 북송문제의 기원과 후속조치 등 중요한 사안과 관련한 사료들이 산재되어 있음이 확인되었다. 2007년부터는 일본정부도 한일회담 외교문서의 단계적 공개에 착수함에 따라, 북송문제와 관련한 일본의 외교문서도 대부분 이용이 가능해 졌다. 일본정부의 이 결정은 일본국내 학계와 시민단체가 전개한 시민운동의 결과이기도 했다. 한일 양국의 이러한 외교문서 공개의 급진전은 한일관계 만이 아니라 북일관계에 대한 실증연구도 가능하게 했다. 무엇보다 북송문제가 외교사 연구의 대상으로 재론될 수 있는 조건이 갖추어졌다.

이에 따라 기존의 사료에 대한 새로운 발굴과 해석이 추가적으로 시도되었다. 필자 외에도 다수의 연구자들에 의해 미국 국무성과 구소련 외무성의 북송문제 관련 문서 군들의 확인과 재검토가 이루어졌다. 한편, 북한의 공간자료, 특히 당시의 조선로동당 기관지『로동신문』등이 북송문제와 관련한 상세정보의 보고였다는 사실은 새로운 발견이기도 했다. 이처럼 방대한 다국적 외교문서의 존재는 북송문제가 매우 밀도 있는 국제정치의 산물이었다는 점을 말해준다. 북송은 동아시아 냉전질서의 격변기를 관통하면서 발생한 이례적 사건이었다. 이를 배경으로 한일회담은 중단과 재개를 반복했고 북일관계는 비약적 진전과 급격한 굴절을 보여주었다. 이에 동반된 치열한 외교와 협상에서 한국정부는 당사자이자 중요한 행위자였다. 이 점은 충분히 이야기 되지 못한 채로 있었다.

이 점에서 국립외교원이 '한국외교협상사례' 연구기획에 북송문제를 포함시킨 것은 대단히 적실하고 의미 있는 결정이라고 생각한다. 연구자로서 북송문제가 한국 외교사의 일환으로서 본격적으로 다루어지게 된 것에 대해 안도했지만, 이와 더불어 관련한 연구 과제를 미루어 왔던 것에 대한 개인적인 반성이 밀려왔다. 책을 마무리 하면서, 북송문제를 한국외교의 실패 사례로 단순 이해해서는 안 된다는 점을 강조해 두고 싶다. 한국정부가 전개했던 강경한 총력외교는 당연한 것이었다. 책에서는 이 당연함이 북송저지를 위한 전략적 협상을 어렵게 하는 역설을 설명하고자 했다. 이 점이 충분히 전달되지 않았다면 필자의 역량부족에 다름 아니다. 지면을 빌어 부족한 필자에게 중요한 연구 과제 수행의 기회를 준 국립외교원 외교사연구센터의 조양현 교수님과 홍석률 위원장님을 비롯한 기획편집위원회 선생님들, 그리고 실무를 맡아 마지막까지 수고해준 정종혁 연구원님께 깊은 감사의 마음을 전한다.

2023년
박정진

차 례

범 례

1. 본 총서는 한국외교협상사례 기획편집위원회가 선정한 『한국 100대 외교협상사례』에 기초하여 협상외
   배경과 중요 쟁점, 전개과정과 협상전략, 후속조치와 평가 등을 서술한 것이다.

2. 본 총서의 집필자 추천 및 원고 심사는 한국외교협상사례 기획편집위원회가 담당하였다. 본 위원회의 구
   성은 다음과 같다.
   위 원 장 홍석률(성신여자대학교)
   위   원 신종대(북한대학원대학교)
   위   원 우승지(경희대학교)
   위   원 임혜란(서울대학교)
   위   원 정병준(이화여자대학교)
   위   원 조양현(국립외교원)

3. 본 총서는 각 협상사례를 상대국 및 주제에 따라 총 7개의 클러스터로 분류하였다. 각 클러스터는 책등
   및 앞표지 좌상단의 "한국외교협상사례 총서" 표기의 색으로 구분하였다.
   1) 한반도(황색)
   2) 미국(주황색)
   3) 일본(자주색)
   4) 중국, 러시아(보라색)
   5) 유럽, 제3세계(남색)
   6) 국제기구, 환경(녹색)
   7) 경제통상(연두색)

4. 부록에는 협상의 관련 자료 및 해제와 연표 등을 수록하였다.
   1) 관련 자료에는 한국, 협상상대국, 제3국의 외교문서 원문 및 발췌문, 발표문, 언론보도 등을 수록하였다.
   2) 자료의 제목, 공식 문서명, 발신일, 수록 문서철, 문서등록번호, 기타 출처 등은 부록 서두에 목록화하
      였다.
   3) 자료 해제에는 각 자료의 배경, 요점, 함의 등을 간략히 기술하였다.
   4) 연표에는 주요 사건의 시기와 내용, 관련 자료 등을 표기하였다.
   (예)

시기	내용
1950. 10. 7.	유엔총회 UNCURK 창설 결의

   [자료 1] "Resolution 376 (V) Adopted by the General Assembly"

   5) 자료의 제목은 공식 문서명을 기재하는 것을 원칙으로 하되(예: "Telegram from the Embassy in
      Korea to the Department of State") 편의상 자료의 통칭 등을 기재하기도 하였다(예: "닉슨 독트린").
   6) 자료는 원칙적으로 발신일을 기준으로 나열하되, 경우에 따라 협상 단계 및 자료간 연관성 등을 고려
      하여 배치하였다.

개 요

재일한인의 북송은 냉전기 자본주의 국가와 사회주의 국가 간에 이루어진 특수한 이주사례이다. 한반도와 일본 사이의 전후 인양사업이 완료된 이후에 실행된 것으로, 출신지역(국가)을 향한 집단 이주가 아니었다. 따라서 북송은 통상적인 귀국 또는 귀환으로 정의할 수 없다. 북송은 자발적 선택이었지만 동시에 의도적 추방의 성격을 띠고 있었고, 이 때문에 단순한 이민으로도 해석할 수 없다. 한편 북송은 누계 93,340명을 동반한 대규모 이주이자, 25년간에 걸쳐 진행된 장기 이주이기도 했다. 다만 이주의 약 95%는 1959년의 북송협정으로 이루어 진 것이었다. 그 후에 재개된 북송사업은 잠정조치 또는 사후조치에 의해 단속적이고 소규모로 이루어졌다. 즉 재일한인들의 대규모 북송은 사실상 1959년을 전후로 단기간에 집중적으로 나타난 현상이라고 할 수 있다. 본 연구는 이러한 역사 특수성을 전제하면서, 1959년의 재일한인 북송을 둘러싼 북일 간 협상과정과 한국외교의 대응을 분석한다.

문제의 기원은 한국 국적을 선택하지 않은 조선적(朝鮮籍) 재일한인의 등장에 있다. 해방 이후 한국전쟁에 이르기까지 조선적 재일한인은 압도적 다수였다. 이들은 '북선(北鮮)계 재일조선인'으로서 북한으로 송환해야 할 대상이라는 인식이 일본정부 내에 존재했었지만, 한국과의 관계를 고려해 그 실행은 유보되고 있었다. 한국 정부는 조선적 재일한인도 한국의 국민으로서 포섭하는 정책을 취했었다. 하지만 억류자 강제송환 문제를 둘러싸고 일본과의 대립이 격화되면서 조선적 재일한인은 선별 및 배제의 대상이 되어갔다. 반면 북한은 재일한인 전체를 '공민'으로 규정하고, 대일 인민외교의 동원 수단으로 삼고자 했다. 그 일환으로 재일본조선인총련합회(이하 조총련)을 결성했고, 교육비 원조 등 재일한인에 대한 구체적인 지원사업을 실행해 갔다.

재일한인 북송문제는 북한의 대일 인민외교가 본격화되면서 부상했다. 북한은 잔류 일본인 인양을 위한 평양협상을 성사시키면서 일본정부와의 공식관계를 확대해 갔다. 이에 대해 한국이 강하게 반발했고, 이 때문에 일본적십자사(이하 일적)는 국제적십자 위원회(이하 ICRC)의 개입을 통해 재일한인 북송을 추진하기 시작했다. 그리고 ICRC의 실태조사 개시와 때를 맞추어, 48인의 자발적인 재일한인 북송희망자가 등장했다. ICRC는 이들의 북한행을 지원하는 한편, 한국, 일본, 북한에 북송문제와 관련한 포괄적인 해결방안을 제시했다. 재일한인 북송문제를 인도주의 의제로 규정한 제안이었다. 이 제안에 대해 한국은 자국민 보호와 관련한 주권문제로서 반론했다. 이 반론은 한반도에서 한국 정부의 배타적 유일정통성 논리에 근거한 것이었고, 이 논리에 근거해 재일한인 정책은 선별에서 다시 포섭으로 회귀하고 있었다.

대규모 재일한인 북송문제가 현실화한 직접적인 계기는 제4차 한일회담의 재개였다. 그전까지 북한에 재일한인 북송문제는 오무라 수용소에 한정되어 있었다. 한일관계를 견제하는 전략적 거점이었기 때문이다. 일반 재일한인에 대해서는 '장기 생활 태세'로 일본인과 연대하는 것이 조총련의 기본방침이었다. 하지만 한일회담의 재개는 북한에게 대일 인민외교의 위기였고, 이 위기를 돌파하고자 종래의 방침을 수정하고 일반 재일한인의 북송을 대규모로 동원하기 시작한 것이다. 이를 위한 조총련의 조직화는 재일한인의 집단적 귀국결의로 시작해 1959년에는 10만 규모로 확대되었다. 여기에는 혁신과 보수를 아우르는 일본인들의 귀국협력운동이 가세했다. 이를 배경으로 일본정부는 재일한인 북송사업 추진을 결정하기에 이른다.

기시내각의 결정은 북송사업을 적십자 단체에 위임하고 정부가 이를 양해하는 형식이었다. 인도주의라는 명분을 확보하는 한편, 정부의 책임을 회피하고자 한 것이다. 이를 위해 ICRC의 참여를 통한 협상 방식과 협정의 조기 타결을 기본방침으로 했다. 반면 북한은 모든 각료가 참여하는 북송자영접위원회를 발족하고, 일본과 국가 대 국가 간 공식협상을 준비했다. 정부 간 양자 교섭을 위해 ICRC의 참여를 배제한 협상 방식을 고수했고, 북송 의사확인 등의 절차를 최소화하는 내용의 협정체결을 통해 최대한의 북송을 실현한다는 방침이었다. 북한의 이러한 협상전략은 소련과의 긴밀한 협력 속에 추진되었다. 북송사업은 미일 신 안보의 저지와 '중립' 일본의 실현을 목표로 한 국제공산주의 운동노선의 맥락에 있었기 때문이다.

이승만 대통령은 한일회담을 중단시키는 한편, 외교 역량을 제네바로 집중시켰다. ICRC의 개입을 저지하기 위한 선제적 대응이었다. 국내적으로는 북송 저지를 위한 초당파조직의 결성 및 전 국민적 반대운동이 전개되었다. 당시 북한은 ICRC의 협상 참여를 반대하며 대표단의 제네바 파견을 미루고 있었다. ICRC는 한일 양국과 북한으로부터 동시에 압력을 받는 상황에 놓였고, 이에 따라 북송문제에 소극적인 입장으로 변해갔다. 이즈음 미국은 재일한인 법적지위 문제를 의제로 한일회담의 재개를 한국에 제안했다. 미국의 이 중재안은 북송 협상 결렬의 책임을 북한으로 돌림으로써 일본에 명분을 제공하기 위한 것이었다. 당시 미 국무부의 정책적 우선순위는 일본과의 신 안보조약 체결이라는 정치 일정에 두어져 있었기 때문이다.

한국은 미국의 중재를 거부하고 제네바 외교를 강행하고자 했다. 일본과의 회담 재개보다 북송사업의 완전한 파국이라는 외교상의 승리를 고수한 것이다. 이에 대해 일본은 북한과의 양자협상을 선택함으로써 한국의 저항을 무력화시켰다. 하지만 ICRC를 배제한 난민송환 및 인양협상은 당시 공산주의 진영의 공통된 전략이었고, 이 때문에 미국은 일본과 북한의 양자협상을 반대하고 있었다. 그럼에도 불구하고 일본이 협상 주체에서 ICRC를 배제한 것은 큰 폭의 전략수정이었다고 할 수 있다. 일본의 협상전략에 변화가 확인됨에 따라 북한은 신속하게 대표단을 구성했다. 북한 대표단은 모스크바를 경유해 소련과의 협력 태세를 공고히 했고, 제네바 도착 직후 곧장 일본과의 협상 태세에 돌입했다. 한국의 제네바 외교가 예상치 못한 정세변화였다.

북일 제네바협상은 1959년 4월부터 시작되었지만, 북송사업에 대한 ICRC의 개입 여부는 여전히 불투명한 상태였다. 일본 대표단은 미결의 과제를 안은 채 협상에 임하고 있었던 것이다. 게다가 본국 정부 훈령에도 혼선이 더해지고 있었다. 자민당 내에서 친한파 그룹의 협정에 대한 반대 의사가 표출되었고, '귀국협력운동'에 의한 여론이 정부를 강하게 압박하고 있었기 때문이다. 따라서 협상은 전반적으로 북한에 유리하게 전개되었다. 다만 북송사업에 대한 ICRC의 역할을 완전히 배제하는 것은 현실적이지 않았다. 북한 대표단은 공식적으로 북송사업에 대한 ICRC 개입을 반대하는 입장을 유지하면서도, 일본 측의 대응 추이에 따라 단계적으로 허용하는 유연한 전략을 구사하고 있었다. 6월에 합의된 협정 초안에서 ICRC를 '옵서버'로 규정한 것은 이러한 전략의 산물이었다.

협정 초안의 합의로 북일 제네바협상은 타결 단계로 진입했지만, 협정이 조인되기까지 다시 2개월의 시간이 소요되었다. 일본 측이 협정 초안에 대한 ICRC의 승인을 주장하며 조인을 미루고 있었기 때문이다. 이에 반발해 북한은 대표단을 철수시켰고, ICRC는 대응 방침을 결정하지 못한 채 내부 논쟁에 빠졌다. 여기서 한국은 미국과의 공조 하에 일본과 별도의 재일한인 귀국협정의 체결을 시도함으로써 다시 반격을 시도하고자 했다. 하지만 그 목표를 둘러싸고 한미 간에는 인식의 차이를 노정하고 있었다. 한국은 북일 협정 초안의 완전 무효화를 일관되게 주장했지만, 미국의 이해관계는 북송사업의 규모를 최소화하는 것에 두어져 있었다. 이를 위해 ICRC의 적극적인 역할이 필요하다는 것이 미국의 입장이었다. ICRC가 결과적으로 북송사업에 대한 참여와 개입을 결정한 데는 미국의 이러한 판단이 작용했다.

북송협정은 1959년 8월 인도 캘커타에서 체결되었다. 협정은 실행단계에서도 진통을 겪었다. 일본 측이 협정내용에 없던 ICRC 입회하의 북송희망자 의사 확인절차(귀환안내)를 설정함에 따라, 조총련이 북송희망자 신청 보이콧을 전개한 것이다. 한국은 일본과 재일한인 귀국협정의 체결을 통해 최후까지 북송협정의 무효화를 시도했다. 하지만 한국이 일본 측에 보상금의 명목으로 재일한인 정착 비용을 요구하면서 한일회담은 교착되어 갔다. 반면 조총련의 귀국운동은 혁신계의 안보투쟁과 일체화되어 더욱 고조되었고, 이 때문에 일본정부는 귀환안내를 철회하기에 이른다. 신 안보 협정을 체결하기 위해서도 북송사업의 조기 실행이 필요하다고 판단한 것이다. 미국 또한 최종적으로 일본을 지지했고, 결국 12월에 북송 제1선이 출항하게 된다.

재일한인 북송문제는 인도주의라는 국제인권규범의 징치성을 보여주는 사례였다. 한국은 자국민 보호와 주권의 수호라는 입장에서 이에 저항했다고 할 수 있다. 다만 재일한인에 대한 한국의 주권 논리는 북한과의 배타적인 유일 정통성 경쟁의 맥락 속에 있었다. 이 경쟁은 일본에 한반도에 대한 이중외교와 한 정승인의 공간을 열어 주고 있었다. 또한 체제경쟁에 입각한 한국의 주권수호라는 의제는 비타협성을 가질 수밖에 없었고, 이는 대일 협상전략의 경직성과 한미공조의 균열을 초래했다. 북송협상의 결과에는 조총련의 조직력과 일본의 지지여론 또한 변수로 작용했다. 그 배후에는 북한의 대일 인민외교가 있었지만, 한국의 대일정책 문제점도 직시해야 한다. 북송문제는 재일한인 정책을 비롯한 재외동포 정책의 일관성과 구체성의 결여가 결정적인 외교 역량의 손실로 이어질 수 있음을 보여주는 사례였다.

2022년 12월

박 정 진

한국외교협상사례 총서 17

재일한인 북송문제(1959)
국제인권규범 vs 국민주권수호

Ⅰ. 서론

1. 연구의 의의

'재일한인'과 '북송'이라는 용어는 복합적인 의미를 가진다. 통상표현인 '재일교포'와 달리, '재일한인'은 한국정부가 외교 현장에서 사용하던 공식용어이다. 이 용어는 국적을 기준으로 한 '재일한국인' 또는 '재외동포'의 범주에서 제외된 자들도 포괄한다. '북송'을 선택한 재일한인의 대부분은 한국 국적을 가지고 있지 않은 무국적자, 즉 조선적(朝鮮籍) 소유자였다. 하지만 이들 중 한반도 이북지역, 즉 북한에 출신지를 두고 있던 자는 극소수에 불과했다. 일본정부는 당시 재일한인의 북한 이주를 귀국 또는 본국으로의 '귀환(帰還: Repatriation)'이라고 정의하고 있지만, 이 정의를 한국정부가 받아들일 수 없는 이유이다. 한국에서 통용되는 '북송'이라는 표현에는 재일한인의 북한행이 단순한 이민이 아니라, 강제적 추방이었다는 해석이 담겨있다. 1959년에 시작한 이 재일한인 북송으로, 누계 93,340명이 일본에서 북한으로 이주했다. 당시 60만 재일한인 인구의 약 6.5분의 1에 해당한다.

재일한인 북송은 1984년까지 지속된다. 하지만 문제로서의 재일한인 북송은 1959년을 전후로 집중적으로 나타났다. 1959년의 협정에 의한 북송자만 이미 8만 8,611명에 이르며, 이를 둘러싸고 전개된 국제정치와 협상전은 그 후에 재현되지 않았다. 또한 재일한인 북송문제는 냉전기 자본주의국가에서 사회주의국가로의 이체제(異体制) 간 대규모 집단이주의 사례였다. 이러한 사례는 세계대전 직후 각지에서 전개된 인양사업에서도 목격되지만, 북송사업은 그로부터 15년 이상 지난 시점에서 시작되었다는 점에서 특수성을 가진다. 그 진상의 일부는 2000년대 중반 이후 관련 사료의 공개와 발굴로 뒤늦게 드러나기 시작했다. 대부분이 외교 사료이고, 주요 출처는 한국, 일본, 국제적십자위원회(International Committee of the Red Cross, ICRC), 미국, 소련 등 다국 간에 걸쳐있다. 이는 재일한인 북송문제의 국제정치적 성격을 보여준다. 본 연구는 이 점에 주목하며 다음과 같은 점에 의의를 두고자 한다.

첫째, 한국외교사 연구의 일부로서 재일한인 문제를 다룬다. 관련 외교 사료의 공개 이후, 한국에서는 주로 한일회담 연구의 일부로서 재일한인 북송문제가 재론되어왔다(박진희 2008, 이현진 2010). 한편 일본에서는 독립적인 논제로서 다각적인 접근이 이루어졌고, 최근에는 논쟁의 단계로 확대되어 왔다(高崎宗司·朴正鎭, 2005; テッサ·モリス, 2007 ; 朴正鎭, 2012; 菊池, 2020; 松浦, 2022). 여기서 확인된 주요 쟁점들은 한국외교사의 맥락에서 본격적인 재조명이 필요하며, 본 연구도 그 작업의 일부이다.

둘째, 일본의 대한반도 정책의 형성과정을 확인한다. 재일한인 북송문제의 기원과 전개 과정에서, 일본은 처음으로 한국과 북한을 동시에 외교적으로 상대하게 된다. 여기서 일본은 한반도를 대상으로 분단국 외교를 본격적으로 실행했고, 이때 형성된 정책 기조는 한일기본조약에도 수렴되어갔다. 북송사업을 경과하면서 일본의 대한반도 정책의 기본 틀이 형성되었다고 할 수 있으며, 이는 현재의 대한반도 정책에도 연속성을 가진다.

셋째, 북한과 일본의 국가 간 협상에 대한 한국의 대응을 분석한다. 북일관계는 한국전쟁 중에 시작했고, 당시 양국은 미일 안보조약을 매개로 사실상의 대전(對戰)상태에 있었다. 이처럼 적대관계로 시작했던 북한과 일본이 국가 대 국가로서 공식적인 협상을 한 첫 번째 사례가 바로 재일한인 북송문제이다. 이 협상의 전개와 타결과정에서, 한국이 또 다른 주체였다(일 수밖에 없다)는 사실은 간과되어

왔다. 본 연구는 최초의 북일 공식협상과 한국의 대응 과정에 대한 실증 분석으로서의 의의를 가진다.

2. 사례의 특징

본 연구는 재일한인 북송문제의 전사(前史)로서 1956년 북일 간 인양교섭(평양협상)과 재일한인들의 자발적 북송 움직임, 그리고 북송문제의 주요 쟁점 들을 확인한다. 본 연구의 주요 분석 대상은 1959년 북송협정을 둘러싼 북일 간의 협상과정과 이를 저지하기 위한 한국의 로비 및 외교활동이며, 이 과정에서 전개된 한미, 미일관계도 주요한 변수로서 논의에 포함한다. 이와 더불어 북한의 협상전략에 소련이 적극적으로 영향을 미쳤다는 점에서, 북소관계에 대한 구체적인 검토도 이루어진다. 그리고 북송협정 체결 이후의 한일관계 및 북일관계의 전개, 그리고 1984년 북송사업의 종료와 그 후의 과제들을 종합적으로 검토하고 한국 외교에 대한 평가와 시사점들을 정리한다. 이러한 작업에서 확인되는 재일한인 북송문제는 다음과 같은 특징을 보인다.

첫째, 국제규범과 국민주권 문제가 대립하는 사례이다. 북송은 재일한인 문제가 글로벌 이슈가 된 이례적인 사건이라고 할 수 있다. 여기에 자국민 보호라는 주권수호의 문제와 거주지 선택의 자유라는 국제규범이 충돌하게 된다. 이는 협상의 기본의제 설정을 둘러싼 대립으로 나타난다.

둘째, 양국 협상과 다자간 협상이 교차하는 사례이다. 협상과정에서는 당사국인 북한과 일본, 그리고 한국만이 아니라 한일관계의 중재자로서 미국이 중요한 행위자로 등장한다. 또한 소련을 비롯한 국제공산주의 운동이 적극적으로 관여하고, ICRC라는 초국가 주체가 협상 결과에 결정적인 영향을 미친다.

셋째, 협상전략(전술)과 국내정치(운동)가 밀접히 연계된 사례이다. 협상의 전 과정에 걸쳐 한국과 북한 국내에서는 전국적인 반대운동 및 동원운동이 빈번하게 전개된다. 특히 일본 국내에서 발생한 조총련의 귀국운동, 일조협회와 귀국협력회 등 일본 혁신단체의 귀국협력운동은 북한과 일본정부의 정책 및 협상전략에 직접적인 영향력을 발휘한다.

3. 주요 질문들

본 연구는 한국외교사 연구의 관점에서 실증에 근거한 역사주의적 접근을 시도한다. 분석의 대상과 주체가 다양하고 복합적이라는 점에서, 다국적 사료(한국외교부 사료, 日本外務省外交資料, 북한 공간문헌, National Archives, ICRC Archives, 러시아 AVPRF 등)의 활용이 이루어진다. 또한 외교사와 운동사의 교차가 이루어지는 사례의 특성상 국내의 사회적 압력(조총련 내부자료, 일본 공안자료, 일본 사회운동단체 주요 문건 등)과 국제적 협상전략의 상호관계도 고려하고자 한다. 그리고 이상의 분석을 통해 다음과 같은 질문에 대한 해답을 찾고자 한다.

첫째, 재일한인의 북송은 어떠한 문제로서 정의되었나? 이 질문은 협상의 의제 설정과 관련한 것으로, 한국의 외교적 대응에 대한 종합적인 평가지점이 된다. 한국 외에 관련 국가들의 협상 목표에 대한 분석도 이 질문으로부터 시작한다. 이와 관련한 본 연구의 주요 논점은 인권과 주권문제, 냉전과 분단논리, 전후처리와 탈식민지 과제 등이다.

둘째, 한국은 왜 북송협정의 타결을 저지하지 못했나? 이는 구체적인 협상 및 대응전략과 관련한 질문이다. 양자 및 다자간 회담 그리고 국제 및 국내 요인이 복합적으로 작동한 협상사례라는 점을 고려하며, 그중에서도 미국의 개입과 중재의 문제, 북일 간의 협상과 한일회담과의 관계성, 협상의 과정과 결과에 대한 국내적 요인 등을 주요 검증 대상으로 한다.

셋째, 한국의 대응전략의 싱패에 영향을 미친 정책들은 무엇이었나? 재일한인 북송문제에서 정책과 관련한 논의과제로서는, 일본의 대한반도 정책의 연속성과 북일관계에 대한 한국의 대응 정책이 갖는 함의 등을 들 수 있다. 본 연구에서는 구체적으로 한국의 대일정책 그 중 재일한일정책의 차원에서 다루며 그것의 현재적 의미를 생각하고자 한다.

Ⅱ. 재일한인 북송문제의 배경과 쟁점

1. 해방 후 재일한인의 인양·억류·송환

가. 일본의 '북선계 조선인' 송환 구상

전후와 탈식민지는 한반도와 일본 간에 귀국 또는 귀환을 동반했고, 이에 따른 대규모 공식 인양사업이 전개되었다. 종전 당시 일본에는 약 200만 명의 재일한인이 있었다. 이 중 북조선 지역 출신자는 4%에 불과했다. 미군정이 점령하던 한반도의 이남 지역에 대한 공식 인양은 1946년 4월부터 12월에 걸쳐 진행되었고, 그 결과 일본에는 약 60만의 재일한인이 잔류하게 된다. '60만 재일조선인'이라는 표어는 이때 등장한다(外村, 2004, 366-369). 한반도 이북 지역으로는 별도로 미군정과 소련군과의 협정을 통해 1947년 3월부터 6월까지 총 351명이 송환되었다. 그리고 한국전쟁 중인 1950년 11월 19일, GHQ는 일본정부에 "향후 비 일본인의 송환 및 인양은 일본정부의 책임이 아니다"라는 지령을 내리고 공식 인양을 종료했다(厚生省援護局, 1978, 152-154).

요시다 시게루(吉田茂) 내각은 1951년 9월 8일 강화조약과 더불어 한국전쟁을 수행하던 미국과 안전보장조약을 체결했다. 이로써 일본은 독립을 획득함과 동시에 북한과는 사실상 대전 상태에 놓이게 된다. 한반도가 전쟁 중이었다는 점은 일본정부에 난제로 다가왔다. 전후 처리의 첫 대상은 당연히 한국이었지만, 한국이 수복하지 못한 지역, 즉 '북선(北鮮)'의 향방이 미지수로 남아있었기 때문이다. 미국의 주선으로 시작된 한일 예비회담에 임하면서, 일본정부가 내놓은 해법은 한국 정부의 "권력의 공간적인 확대가 이루어지고 있는 정도"에 맞추어서 문제

처리의 방법을 강구하는 것이었다(박정진 2020, 117). 전시임을 고려한 잠정적인 입장이었지만, 이미 한반도 전역에 대한 한국 정부의 관할권에 대해서 유보적인 판단을 하고 있었음이 확인된다.

1952년 4월 강화조약이 발효되자 재일한인들은 일본재류 자격을 상실한다. 일본이 조선의 독립을 승인했기 때문에 재일한인도 조선적(朝鮮籍)을 회복한다는 논리였다(吉澤, 2005, 38-42). 강화조약 제2조(a)에 적시된 '조선(Korea)'은 한국으로 해석되지 않았고, 조선적은 실체가 없는 법률 해석상의 기호가 된다. 그리고 정전협정 체결 후 진행된 제3차 한일회담에서 일본 측은 '북선계 조선인'들의 북한 송환을 검토하기 시작했다. 여기서 북선계 조선인이란 한국전쟁 당시 폭력투쟁을 전개하던 재일조선통일민주전선(이하 민전) 계열의 조선적 재일한인을 지칭한다. 즉 조선적을 선택한 재일한인을 공산주의자 또는 친북으로 분류, 인식한 것이다. 이들은 일본정부의 입장에서 치안의 불안요소이자 생활 보조금을 축내는 재정부담의 대상이었다(박정진, 2020, 117).

나. 재일한인에 대한 한국의 포섭과 선별

한국에서는 1948년 12월에 제헌헌법에 근거한 최초의 국적법과 재외국민등록령이 시행된다. 일본에서 재외국민등록령 시행과 관련한 영사업무의 일부는 1949년부터 재일본대한민국거류민단(이하 민단)에 이관되었다. 민단의 조직력을 이용해 재일한일사회 내 공산주의 세력을 견제하고자 한 조치였다. 그리고 국적과 상관없이 일본 불법 체류자의 강제송환을 수용하고 있었다(노기영, 2010, 90). 한국 국적을 취득하지 않은 재일한인도 한국 국민으로 간주하고 이들을 포섭한다는 방침이었음을 알 수 있다. 하지만, 1951년까지 한국의 재외국민으로 등록한 재일한인은 8만 5,320명에 머물렀다. 46만 8,110명의 압도적 다수가 조선적을 선택한 것이다(関智焄 2019, 86). 물론 이들 모두 공산주의자는 아니었다.

일본의 강화조약 발효에 즈음한 1952년 1월에 한국 정부는 평화선을 선포했다. 이에 따라 한일 양국은 한국의 부산억류 일본인 어부와 일본의 법무성 오무라 입국자 수용소(이하 오무라 수용소) 내 재일한인 문제로 대립하기 시작한다. 그리고 1952년 5월부터 한국정부는 한인 송환자 중 종전부터 일본에 거주하고 있던 자들의 송환을 거부하기 시작했다. 전시 중이었던 만큼 공산주의자들의 유입을 경계한 것이다. 전후에도 국적 미확인 상태의 재일한인을 한국으로 강제퇴거 처분하는 것은 부당하다는 입장에서 한일회담에 임했다(崔紗華 2021, 59). 억류자 문제는 한국 정부의 대일 협상수단이 되었고, 이 과정에서 조선적 재일한인은 포섭에서 선별 또는 배제의 대상이 되어가고 있었던 것이다.

한국의 억류자 송환거부 방침에 대해, 일본 측은 "대한민국의 책임 있는 태도"를 요구했다. 한국정부가 재일한인을 자국민이라고 주장한다면, 강제퇴거에 대한 책임 또한 가져야 한다는 것이었다. 이와 동시에 일본정부 내에서는 한국정부가 재일한인을 자국민으로 간주하지 않는다면, "북선과 교섭할 자유를 주장할 수 있다"라는 논리가 등장하고 있었다.[1] 일본정부의 한국에 대한 한정승인 논리의 기원은 여기서 출발한다. 정부 간 교섭의 대상이라는 것은 북선이 단순히 한국의 미 수복 지역이 아니라, 권위 있는 통치 권력이 존재하는 지역이라는 의미가 된다. 일본정부가 북선계 조선인들의 북한 송환을 검토하기 시작한 데에는 이처럼 한국정부의 재일한인정책의 변화가 영향을 미치고 있었다.

---

1 「平和条約の発効に伴う朝鮮人の国籍について」, 1956年4月19日, 日本外務省日韓会談文書(第5次開示), 文書番号866.

다. 재일한인에 대한 북한의 '공민' 규정

한국정부가 재일한인의 송환을 거부한 1952년 5월, 오무라 수용소에서는 재일한인 37명이 북한 국기를 앞세우며 즉시 석방과 북한으로의 귀국을 요구하는 '소요사건(騷じょう事件)'이 발생했다. 이 사건의 배경에는 수용소 내에 존재하던 남북대립이 있었고, 이 대립에는 민전의 나가사키 지부가 조직적으로 관여하고 있었다.[2] 한편 오무라 수용자 외에 일반 재일한인 기술자 중 일부가 일본 외무성에 자발적으로 귀국 의사를 타진한 사례가 있었고, 이에 대해서도 민전의 알선과 지원이 있었다. 이 사례는 민전이 계획한 재일한인의 북한 귀국운동의 일환이었다. 하지만 이 계획은 일본공산당으로부터 프롤레타리아 국제주의의 오류이자 민족주의의 발현이라는 비판을 받고 저지된다(朴正鎭, 2012, 101-102).

민전의 재일한인 북한 귀국운동에 대한 일본공산당의 입장에 대해 북한은 이론을 제기하지 않고 있었다. 당시는 코민테른의 일국일당(一国一黨)의 원칙에 따라 민전이 일본공산당 지도하에 있다는 인식을 조선로동당도 공유하고 있었기 때문이다. 재일한일문제와 관련해 북한 당국과 일본공산당이 이해관계를 공유한 지점은 오무라 수용소였다. 한일관계의 균열 지점이었기 때문이다. 건국 초기 북한의 재일한인정책은 구체성과 적극성을 결여하고 있었다. 1948년 9월 공표된 북한 헌법에는 "거주지와 관계없이 보호받을 권리"를 명기했지만, 이에 근거한 국적법은 존재하지 않았다(高希麗, 2021, 25-26). 하지만 한국전쟁 직후 북한의 대일정책에 극적인 변화가 시작하고 있었다. 이는 국제공산주의 운동의 전술 변화를 배경으로 하고 있었다.

---

2 당시 오무라 수용소에는 한국 지지그룹과 북한 지지그룹이 각각 '북조'와 '남조'로 대립하고 있었다(朴正功, 1969, 47-48; 吉留 1977, 18).

스탈린(Joseph Vissarionovich Stalin) 사망 이후, 소련은 자본주의 진영과의 평화공존을 슬로건으로 내걸었고, 중국은 평화 4원칙을 통해 이와 보조를 맞추었다. 중소 양국의 구체적인 공조는 일본으로 향했다. 1954년 10월 11일 북경에서 후루시쵸프(N. S. Khrushchev)와 모택동(毛澤東) 사이에 발표된 대일관계에 관한 중소 양국의 공동선언(이하 중소의 대일 공동선언)이 그것이다. 선언에서는 일본과 국교정상화가 실현되기까지 '인민 간의' 경제 및 문화교류를 촉진하자는 내용을 담고 있었다(茂田·末澤, 1988, 81). 이른바 인민외교(人民外交, People diplomacy)의 등장이다. 중소의 인민외교는 일본 국내에 광범위하게 포진해 있던 친소 및 친중 혁신계 일본인들을 채널로 하고 있었고, 그들이 결집해 있던 일소협회와 일중우호협회를 창구로 전개되었다.

중소의 대일 공동선언은 중화인민공화국 수립 5주년을 기념해서 발표된 것이었다. 기념행사 참석차 북경에 체류하던 김일성도 그 의미를 공유하고 있었음은 물론이다(박태호, 1985, 261). 하지만 북한을 지지하는 일본인의 인적, 조직적 기반은 중소 양국에 비해 매우 허약한 상태였다. 따라서 북한은 대일 인민외교를 등장시키기 전에 추가적인 준비단계를 밟고 있었다. 그 전조는 8월 31일 평양방송이 일본정부를 향해 최초로 발표한 외무상 성명(이하 54년 대일 성명)에서 확인된다. 성명의 핵심주장은 모든 재일한인을 공화국의 인민, 즉 '공민'으로서 규정한다는 것이었다.[3] 일본정부를 향해 북한정부의 배타적 정통성을 주장하는 논리임과 동시에, 민전의 재일조선인 운동에 대한 일본공산당의 지도를 부정한다는 의미이기도 했다. 북한은 중소 양국에는 없는 대일 인민외교의 또 다른 채널로써, 60만 재일한인 사회에 주목한 것이다.

---

3 "조선민주주의인민공화국 남일 외무상의 성명-일본에 거주하는 조선공민에 대한 일본정부의 비법적 박해를 반대하며,"『로동신문』1954년 8월 31일.

2. 북한의 대일 접근과 한일관계의 부침

가. 북한의 대일 인민외교 개시

일본 정부 내 재일한인의 북송추진 의도가 수면으로 드러난 것은 1954년 1월 시마즈 다다쓰구(島津忠次) 일본적십자사(이하 일적) 사장이 북한의 조선적십자 중앙위원회(이하 조적) 앞으로 보낸 전문에서였다. 전문에서는 북한잔류일본인의 인양에 협조를 요청하면서, "조선인 중 귀국을 희망하는 자를 본사가 원조하고 싶다"라는 의사를 전달하고 있었다. 전문은 ICRC를 경유한 것이었다.[4] 같은 해 12월에 등장한 하토야마 이치로(鳩山一郎) 내각이 재외 잔류 일본인의 인양사업을 외교의 우선순위로 하면서, 일적의 움직임은 보다 적극화되어 간다. 물론 재일한인의 북송은 한일관계를 고려하면 아직 현실적이지 않았지만, 북한의 대일정책에 변화가 현실화되면서 새로운 정세가 도래하기 시작한다.

1955년 2월 25일, 북한의 남일 외상이 단독성명을 통해 일본정부에 국교정상화를 최초로 공식 제안했다(이하 남일성명).[5] 성명의 내용은 중소의 대일 공동선언과 기본적으로 동일한 논리에 기초한 것이었다. 북한의 대일 인민외교가 그 시작을 알린 것이다. 그 첫 움직임은 일적이 보낸 54년 전문의 요청에 호응하는 것이었다. 4월 뉴델리 아시아 제국회의에서 북한 대표단은 일본 대표단에 북한잔류일본인의 송환을 준비 중에 있다고 전했다(外務省情報文化局, 1956, 37-3). 뒤이어 5월에는 일조협회의 하타나카 마사하루(畑中政春)를 단장으로 한 10명의 일본인

---

4 Telegram of Mr. Shimadzu, President, Japanese Red Cross Society, January 6, 1954. 日本外務省文書, 開示請求番号2004-00637, 文書番号6.

5 "대일관계에 관한 조선민주주의인민공화국 외무상의 성명(1955년 2월 25일)," 『로동신문』 1955년 2월 26일.

대표단이 평양을 방문했다. 북한은 이들에게 일조협회가 주체가 되어 일적과 인양협상을 추진해 줄 것과 협상의 장소로서 평양을 제안했다(厚生省援護局, 1963, 63; 森田, 1964, 916).

하타나카 방북단이 평양 체류 중이던 1955년 5월에는 민전이 해체되고, 조총련이 결성된다. 조총련은 조선로동당의 지도하의 통일전선조직이자, 북한 정부의 대일정책을 수행하는 준 외교기관으로서 결성 당시 북일 국교정상화를 최우선 과제로 하고 있었다.[6] 하타나카 방북단이 귀국한 10월에는 일조협회가 전국조직으로 재편된다. 뒤이어 이 조총련과 일조협회라는 두 개의 창구를 통해, 일본 각계각층의 북한 방문이 급증하기 시작했다(朴正鎭, 2012, 109-217). 북한의 대일 인민외교가 가동하기 시작한 것이다. 인적교류, 그 중에서도 인양사업은 중소의 대일 인민외교에서 검증된 수단이었다. 필연적으로 국가 간의 교섭을 수반하기 때문이었다. 북한은 특히 1953년부터 일본과 인양사업을 재개한 중국의 경험을 적극적으로 활용해 대일 인민외교를 본격화 시킨다는 계산이었다.

북한의 공세적인 대일 접근에 한국은 민감하게 반응했다. 이승만 대통령은 4월에 열린 국무회의에서 일본정부가 "북한 괴뢰와 문화, 경제 등의 분야에서 교류한다면, 한국정부는 일본을 적성국가로 규정하고 이를 내외에 선포할 것"이라고 경고했다. 시기적으로 뉴델리에서 북일 간에 첫 접촉이 있었던 직후로 북일 간 인양교섭의 가능성을 경계한 발언이었다. 5월 28일에는 갈홍기 공보실장이 "북한 괴뢰 집단이 침략적인 일본과 결탁 해" 한국을 포위하려 한다고 비난했고, 그 이틀 후에 전국애국단체연합회 주최로 '용공 일본'을 규탄하는 국민대회가 열렸다. 이러한 반일데모는 7월까지 전국적으로 확대되어갔다(서중석, 2000, 306).

---

6   在日本朝鮮人總連合会中央委員会, 『在日本朝鮮人總連合会結成大会決定集』 4, 1955.

한국의 반대가 거세지자 일본정부는 수습에 나섰다. 6월 8일 일본 외무성 나카가와 도오루(中川融) 아시아 국장은 유태하 참사에게 일본정부는 북한과의 통상을 허용하지 않을 것임을 알렸고, 17일에는 하토야마 수상이 직접 김용식 공사에게 북한과의 관계를 자제할 것이라고 전했다(김동조, 1986, 83). 하지만 뒤이어 22일 열린 참의원 본회의에서 드러난 일본정부의 입장은 이와는 온도 차를 드러내고 있었다. 회의에서 미키 다케오(三木武夫) 운수상은 일본의 항구에 "북선의 선박 입항을 제한할 의사가 없다"라는 점을 분명히 했다. 인양에 수반될 도항 문제에 대한 일본정부의 입장을 반영한 발언이었다. 이와 관련해 시게미츠 마모루(重光葵)외상은 한국과의 관계정상화와 더불어 "북선과도 관계를 진전시켜가고자 한다"고 말하고 있었다.[7]

나. 한일관계와 북일 간 인양문제

일본정부의 입장을 확인한 이승만 대통령은 8월 18일 대일 통상 및 여행 중단을 선언했다. 하지만 이 조치는 약 2개월 만에 철회된다. 한일 간 타협의 계기는 9월 24일 가도와키 스에미츠(門脇末光) 외무성 차관과 주일 대표부 김용식 공사 간의 회담에서 이루어졌다. 회담에서 가도와키 차관은 북한잔류일본인의 인양 문제는 인도주의 사안이고, 따라서 관련한 교섭은 일적이 전담할 것임을 전했다.[8] 정부 간의 공식협상이 아니라는 논리였고, 이에 대해 김용식 수석의 양해가 이루어진 것이다. 중국과의 인양교섭에서는 3단체 방식 즉 일적과 더불어 일본

---

7 『第22回国会参議院本会議会議録』第26号, 1955. 6. 22.
8 이 회의에서 일본 측의 대표단에 일조협회 등 다른 단체는 일체 포함시키지 않으며, 교섭의 내용도 인양과 관련한 구체적인 방법에 한정한다는 결정이 이루어졌다(『朝日新聞』, 1955년 9월 23일 夕刊.

평화연락회와 일중우호협회 등의 친중 단체가 일본 대표단을 구성한 바 있다. 이에 비해 북한과의 인양교섭은 일적에 일임하는 형식을 통해 한국을 설득하고자 한 것이다.

한일 간 타협의 움직임이 있자 북한은 곧 견제에 나섰다. 한국의 대일 통상 및 여행 중단 조치가 철회발표 된 다음 날인 10월 15일, 북한 외무성은 오무라 수용소 내 재일한인의 강제송환을 비난하는 담화를 발표했다. 뒤이어 일조협회를 통해 사회당의 후루야 사다오(古屋貞雄) 위원을 단장으로 한 일본국회의원대표단을 평양으로 초청했다. 후루야는 김일성과 단독회담을 갖고, 20일 최고인민회의 상임위원회 김응기와 북일 국교정상화와 관련한 공동성명을 발표했다.[9] 이와 더불어 일소무역회의 다나베 미노루(田辺稔)도 조선국제무역촉진위원회 김최선 상무와 북일 통상관계 촉진에 합의했다.[10] 그리고 26일에는 호아시 게이(帆足計)를 중심으로 제2차 일본 국회의원 대표단의 방북이 뒤를 이었다.

후루야는 귀국 후 일본 국회에서 김일성이 "독도는 일본의 영토"라고 발언했다고 평양에서의 회담 내용을 증언했다.[11] 함께 방북했던 이시노 히사오(石野久男)는 한반도 부근의 공해에서 일본 어선이 자유로운 조업이 가능하도록 하는 김일성의 어업협정 제안을 전했다.[12] 한일관계를 견제하기 위해 북한은 일본 측에 큰 폭의 양보 자세를 보이고 있었음이 확인된다. 특히 호아시는 북일 인양교섭에 "일조협회가 추천하는 사람이 참여한다면 반대하지 않는다"는 김일성의 발언도

---

9 후루야 사다오 단장을 비롯해 대부분 사회당 의원들로 구성되었다. 방북 직전(10월 13일)에 좌우 사회당의 통합이 이루어져, 사실상 제1야당의 방북단이었다고도 할 수 있다.

10 "조선국제무역촉진위원회 상무와 일소무역회 전무리사 간에 이루어진 무역촉진에 관한 담화록(1955년 10월 19일)," 『로동신문』 1955년 10월 22일.

11 『第24回国会衆議院予算委員会会議録』 第7号, 1956. 2. 10.

12 『第24回国会衆議院大蔵委員会会議録』 第15号, 1956. 3. 8.

공개했다(厚生省援護局, 1963, 63). 일조협회의 직접 참여를 고집하던 종래의 입장을 철회한 것이다. 한일관계를 재개시켰던 일본 측 대표단의 구성과 성격의 문제와 관련한 북한 측의 새로운 타협안이있다.

일본 내각의 반응은 일단 부정적이었다. 10월 24일 북한과의 통상관계와 관련한 차관회의에서 직접무역은 불가하다는 결정이 내려졌다. "한일관계의 조정을 완전히 불가능하게 한다"는 점이 가장 중요한 이유였다.[13] 법적 구속력을 가지는 것은 아니었지만 한국과의 관계 회복의 기조를 유지하겠다는 의미였다. 차관회의 결정에 뒤이어 11월에는 하나무라 지로(花村四郎) 법무상이 형기를 마친 일본인 어부와 한국인 억류자 및 불법입국자 간의 상호석방 안을 제시했다.[14] 이에 대해 한국정부는 김용식 공사에게 하나무라 법무상의 제안을 수용하라는 내용의 훈령을 내렸다. 훈령은 일본정부가 이 제안을 일방적으로 철회하지는 않을 것이라고 예상하고 있었다.[15]

다. 북일 평양협상과 한국의 대응

하지만 곧이어 일본정부는 하나무라의 제안이 법무상 개인의 의견에 불과하다는 입장을 밝힌다. 한국으로부터의 저항만이 아니라, 북한으로부터의 새로운 제안도 의식하고 있었기 때문이다. 일적에는 북한과의 협상을 앞두고 이노우에 마스타로(井上益太郎)가 신임 외사(外事)부장으로 가세하고 있었다. 이노우에는 외

---

13 北鮮と貿易その他の諸関係を樹立することの可否に関する件(1955年10月24日) 「日朝関係 (昭和30年10月~同43年7月)」, 日本外務省 外交文書, 分類番号 0120-2001-00988 A'-393.

14 Telegram from Minster Kim to Office of the President, 13 November 1955 ; 오무라 수용소에 억류되어 있는 한국인에 관한 건(1955년 11월 14일), 한국 외무부문서, 파일 번호 C1-0011, 분류번호 723.1JA,

15 Telegram from Minster Kim to Office of the President, 17 November 1955, 한국 외무부문서, 파일 번호 C1-0011, 분류번호 723.1JA, 등록번호 773.

무성 출신으로 이후 북송문제의 핵심 인물로 부상한다. 일본 측의 대응에 가장 중요한 영향을 미친 것은 전술한 호아시를 통해 전해진 김일성의 일본 측 대표단 구성에 대한 양보 의사였다. 북한 측의 타협안이 확인되면서, 일본 측 대표단 구성을 둘러싸고 전개되었던 일적과 일조협회 간의 대립이 일단락되었고, 북한과의 교섭 일정은 급진전한다.

먼저 12월 17일 일본 측 대표단 구성 방식에 합의가 이루어졌다. 일조협회 부회장 미야코시 기스케(宮腰喜助)가 일조협회의 대표가 아니라 일적으로부터 임시로 자격을 위임받아 참가하는, 이른바 촉탁(嘱託) 방식이었다. 미야코시는 일조협회의 이름으로 북한 측과 접촉할 수 없으며 일적의 방침에 따라 협상에 임하도록 합의되었다. 그리고 협상의 의제는 일본인의 인양문제로 한정하고 있었다. 뒤이어 24일 단장 가사이 요시스케(葛西嘉資)일적 부사장, 이노우에 외사부장, 미야코시 촉탁으로 이루어진 협상 대표단이 공식적으로 구성 되었다(厚生省援護局, 1963, 63). 촉탁방식은 적십자사에 의한 대표단이라는 형식을 유지했지만, 정부의 견해가 반영된 일본 대표단으로서의 성격 또한 부정하기 어려운 것이었다.

일본 대표단이 구성된 다음 날, 한국정부는 김용식 공사를 통해 일본정부에 항의 구상서를 보내 "북괴에 대한 일본정부의 태도에 심각한 우려"를 표명했다. 특히 일조협회의 미야코시가 포함된 대표단의 구성과 방북은 "극도로 정치적인 행위"이며, 그 결과에 대한 모든 책임은 일본정부에 있다고 경고했다. 구상서는 그 외에도 다수의 일본인 정치가와 경제인들이 방북하고, 북한 당국 및 산하단체와 무역, 문화, 어업 등 다양한 협의와 협정을 체결했음을 지적하며, 이는 "일본정부의 승인 없이는 불가능하다"라며 강하게 비난했다.[16] 이에 대해 1956년 1월 6일

---

16 Note Verbale, from the Korean Mission to the Japanese Ministry of Foreign Affairs, December 23 1955, 한국 외무부문서, 파일 번호 D-0001, 분류번호 725.1JA, 등록번호 134.

일본정부는 차관회의 결정을 비롯한 "무역 외 기타 모든 접촉을 인정하지 않는 다는 방침"에 변함이 없음을 한국정부에 전했다.

하지만 일본정부는 일본 대표단에게 최초로 북한행 여권을 발급했다. 지리적 구분으로서의 북선이 아니라 정치적 실체로서의 '북조선'을 인정하는 조치였다. 그리고 약 한 달 동안 평양에서는 전후 최초로 북일 양국 간의 공식협상이 이루 어졌고, 2월 28일 9개 항목의 공동성명이 합의되었다. 귀국이 확정된 자는 36명 이었다.[17] 협상 결과 북한은 오무라 수용소 북한귀국희망자 문제를 의제로 한 적 십자 간 회담의 지속적인 유지라는 성과를 확보했다. 북한에게 일반 재일한인 귀 국문제는 사실상 우선순위에 있지 않았던 것이다. 한편 일본 측은 일본인의 인양 문제만으로 의제를 한정한다는 기본 입장을 관철하는 성과를 획득했다. 하지만 평양협상 후 재일한인의 북송을 위한 움직임이 일적을 중심으로 더욱 구체화되 어 가고 있었다.

3. 재일한인 북송문제의 부상과 주요 쟁점

가. 북송희망자의 등장과 ICRC 조사단

1955년 12월 13일 일적의 시마즈 사장이 ICRC의 보아쉐(Leopold Boissier) 위원 장 앞으로 전문을 보냈다. 전문에서 시마즈는 일적이 재일한인의 북한으로의 귀 국 의사를 환영하는 입장이지만 한국정부의 강한 반대로 실현되지 못하고 있다

---

17 "조선적십자회대표와 일본적십자 사이의 공동 콤뮤니께(1956년 2월 27일)," 『로동신문』 1956년 2월 29일. 촉탁이었던 미야코시는 일본국제무역촉진회 위원의 자격으로 조선무역회사대표 김응률과 5백만 영국 폰드 규모의 상품계약을 체결했고, 일조협회 대표로서 조국평화위원회 대표인 안정삼과 일조국교정상화를 촉진한다는 별도의 공동성명을 발표했다.

고 전하고, 문제의 해결을 위해서는 "ICRC의 개입이 반드시 필요하다"라고 호소하고 있었다.[18] 이후에도 일적의 집요한 설득은 계속되었고, 결국 ICRC는 미쉘(Willam Michel)대표와 위크(Eugene de Weck)를 일본과 북한 그리고 한국 등 관련 국가들에 파견하기에 이른다. 1956년 4월 30일 일본에 도착한 ICRC조사단이 대면한 것은 일적 본사 앞에서 47인의 재일한인들이 연좌시위를 하는 현장이었다. 이들은 일본 입항이 예정된 북한잔류일본인들의 인양선 고지마(コジマ)를 통해 북한으로의 귀국을 요구하고 있었다.[19] 재일한인의 북송문제가 등장하는 순간이었다.

한편 ICRC조사단이 북한에서 목격한 것은 대규모로 동원된 '오무라 수용소에 억류되어 있는 조선공민원호운동'이었다. 당시 오무라 수용소 내 북한귀국희망자는 약 90명 정도로 추산되었다(日本赤十字社, 1986, 180). 이들은 한일관계를 견제하고 일본과 적십자 회담 채널을 유지시킨다는 점에서 대일접근의 유력한 수단이었다. 조적의 류기춘 부위원장은 ICRC조사단에게 문제의 해결은 "일본정부에 달려있다"고 말했다. 이에 대해 ICRC조사단은 "우리의 도움을 사실상 거부했다"고 결론지었다.[20] ICRC조사단의 방북에 즈음한 4월 14일 북한은 인민외교의 창구로서 조선대외문화연락협회(이하 대문협)를 창설했고, 24일에 열린 조선로동당 제3회 대회에서 남일 외상이 일본과의 국교 정상화라는 목표를 재확인했다.[21]

ICRC조사단이 한국에서 접한 공식 반응은 한마디로 "북한은 존재하지 않는

---

18 Letter from Shimazu to Boissier, 13 December 1955; "Request for Repatriation of those Korean in Japan who Want to Go Home," attached to letter from Shimazu to Boissier, 13 December 1955, ICRC Archives, file no. B AG 232 105-002.

19 조총련은 48명의 재일한인 연좌시위에 지지를 표명했지만, 조직적이고 물질적인 지원은 하지 않았다. 그들의 요구를 수용하는 것은 평양협상에서 합의된 공동성명의 내용에 반하는 것이었다.

20 Aide-Memoire by J-P Maunoir for the ICRC Plenary Session of 6 July 1959, "Rapatriement des Coréens du Japon en Corée du Nord", ICRC Archives, file no. B AG 232 105-007.

21 "조선로동당 제3회 대회 개막," 『로동신문』 1956년 4월 24일.

다"는 것이었다. 적의 점령 하에 있는 지역에 자국민을 '귀국'시킨다는 것 자체가 말이 되지 않는다는 것이다(テッサ·モリス, 2007, 165). 한국정부가 유일한 합법정부이고 재일한인은 모두 한국국민이라는 논리였다. 이는 재일한인 정책의 변화를 시사한다. 전술한 바와 같이 한국정부는 국적 미확인 상태의 재일한인, 즉 조선적 소지자의 송환을 거부해왔기 때문이다. 여기에는 조선적의 재일한인이 북한계라는 인식 또한 작용했었다. 그런데 연좌시위를 하던 47인은 한국 국적 소지자들이 아니었으며, 전원 북한으로의 '귀국'을 요구하고 있었다.

ICRC조사단의 한국방문 직전인 5월 8일 하리가야 마사유키(針谷正之) 외무성 아시아국 제5과장이 미국 대사관을 방문해 이와 관련한 보고를 했다. 미국의 입장을 확인하기 위해서였다. 일적을 중심으로 북송이 추진되고 있지만, 일본정부 내에서는 여전히 이견이 존재하고 있었다. 한국 측의 반발이 주된 이유였고, 따라서 미국의 입장은 일본정부의 판단에 중요한 변수가 될 수 있었다. 하지만 미국의 대응은 신중한 것이었다. 이 문제에 대한 미국의 입장이 일본정부의 행동에 "중요한 영향을 미칠 것"이라고 판단한 것이다. 이러한 판단은 맥아더(Douglas MacArthur II)주일 대사를 경유해, 다울링(Walter C. Dowling)주한 대사도 공유하고 있었다.[22]

일본정부는 한국 측의 반발이 항의의 수준을 넘어 고지마에 승선한 일본인의 안전마저 위협하는 것으로 판단하고 있었다. 한국정부가 이들의 안도권(安導權; Safe-Conduct)을 부여한다고 통보한 것은 고지마가 출항하기 직전이었다. 어떠한

---

22 Memorandum of Conversation: International Red Cross and Korean Repatriation Issue, Japan-ROK Talks, Compensation for Bonin Islanders, 1956. 5. 17; Memorandum of Conversation: Korean Repatriation Issue, Japan-ROK Talks, Bonin Islanders, 1956. 5. 8, RG 84, Korea, Seoul Embassy, Classified General Records, 1956-58.

경우에도 재일한인을 태우지 않는다는 조건이었다(外務省情報文化局, 1956, 38). 47인 (이후 출산으로 48인)의 고지마 승선을 좌절시킨 것은 한국정부였던 것이다. 이들에게 남겨진 선택지는 중국경유의 루트였지만 문제는 배선이었다. 여기에 일적이 원조를 했고 일본정부가 양해했다. 제3국의 선박을 통한 자비출국의 형식을 취했기 때문이다. 북한은 6월 24일 이들의 '귀국' 후 생활준비금, 직장의 알선, 주택 및 자금을 지원하는 내용의 내각명령 제53호를 하달했다.[23]

나. ICRC 각서: 북송사업의 가이드라인

북송 희망자 47인은 영국선박인 코난호의 배선을 확보한 후, 7월 4일 도쿄를 출발했다. 하지만 이 여정 또한 좌절된다. 바로 그 전날, 한국정부는 김용식 주일공사에게 이전 보다 강력한 항의서를 작성하도록 지시했다. 뒤이어 6일에는 이면욱 주영대사가 영국외무성에 항의서를 제출했고, 7일에는 김용식 공사가 다울링 대사를 방문해 미국이 영향력을 행사해 주기를 요청했다. 그리고 29일 조정환 외무부장이 주한 영국공사에게 배선회사인 버터필드사가 승선을 거부하도록 조치해주기를 요청하는 한편, 홍콩정부에도 코난호의 정박을 불허하도록 요구했다.[24] 하지만 한국정부의 이러한 전방위 외교 공세는 ICRC가 개입하는 계기를 제공하고 있었고, 결과적으로 북송문제는 국제적 이슈가 되어간다.

ICRC의 보아쉐 위원장은 1956년 7월 16일 일본, 한국, 북한의 각 적십자사 단체 앞으로 전문을 보내 재일한인의 북송문제에 대한 원조의사를 표명했다. 다만, "관계 당국으로 부터의 승인"을 전제조건으로 하고 있었다. 한국정부의 반대를

---

23 "일본에서 귀국하는 조선공민의 생활을 안정시킬 것에 관한 내각명령," 『로동신문』 1956년 6월 24일.

24 재일한인의 북한송환경과 1955-57, 한국외무부문서, 파일번호 C1-0011, 분류번호 723.1JA, 등록번호 771.

의식한 것이다. 한국 적십자사(이하 한적) 앞으로 전달된 전문에는 재일한인의 한국으로의 귀국, 재일한인의 북한으로의 '귀국', 북한에 납치된 한인의 한국으로의 귀환, 한국에 억류 중인 공산주의자들의 북한 송환 등 4개 항목의 귀국·귀환의 경로가 추가로 제안되어 있다.[25] 한국을 설득하기 위한 포괄적 해결방안이었다. 다른 한편에서는 24일 조정환 외무장관에게 별도의 전문을 보내, ICRC가 48명의 재일한인들에게 여권 발급을 결정했다고 통보했다. ICRC의 인도주의 사안이라는 이유였다.[26]

이에 대해 8월 2일 한적의 손창환 사장은 비인도주의적 결과를 초래하게 될 것이라며 거부의사를 분명히 했다. 이틀 후에는 조정환 장관이 다울링 주한대사에 적극적으로 중재를 요청했다. 하지만 미국은 여전히 구체적인 개입을 자제하고 있었다.[27] 이에 앞서 일적의 시마즈 사장은 8월 1일 ICRC의 제안을 곧장 일본 정부에 전달했고, 공식적으로 이견이 없었다는 점을 확인했다고 회답했다. 북한 측의 반응은 의외였다. 리병남 조적 위원장은 ICRC가 "지원을 표명한 것에 경의를 표한다"는 긍정적인 답변을 보냈고, 전문의 내용을 로동신문에도 공개한 것이다. 여기서 강조된 것은 "관련 적십자단체의 대표가 모여 구체적인 해결방법을 협의하는 것"이었다.[28] ICRC의 제안이 일적과의 공식접촉을 유지시키는 데 유리

---

25 Memorandum of the International Committee of Red Cross(ICRC) July 16, 1956(from Leopold Boisstier to Tadatsugu, & note), 日本外務省文書, 開示請求番号2004-00637, 文書番号6.

26 Letter from Boissier to Chan Whan Soh, M.D, President of Korean National Red Cross, 16 July 1956; Attached) Note of International Committee of Red Cross, 한국외무부문서, 파일번호 C1-0010, 분류번호 723.1JA, 등록번호 768.

27 재일한인의 북한송환경과 1955-57, 한국외무부문서, 파일번호 C1-0011, 분류번호 723.1JA, 등록번호 771.

28 "조선적십자회중앙위원회 중앙위원장, 적십자국제위원회 위원장에게 답전-일본과 조선본토에 거주하고 있는 일부 조선인의 거주지 변경과 자유왕래를 원조하기 위해," 『로동신문』 1956년 8월 9일.

하다고 판단한 것이다.

ICRC의 보아쉐 위원장은 8월 15일 한국, 일본, 북한의 각 적십자 단체에 재차 전문을 보내, 1957년 뉴델리에서 예정된 제19차 ICRC총회 자리에서 ICRC를 포함한 3국 적십자 간의 회담을 개최하자고 제안했다.[29] 한국으로서는 받아들이기 어려운 제안이었다. 게다가 29일에는 ICRC가 48인에 대한 여권 발급을 실행에 옮겼다. 결국 12월 6일 북송 희망자 중 20명이 극비리에 노르웨이 선박으로 상해를 경유해 북한에 귀국하는데 성공한다. 당시 김용식 공사는 이들을 한국인으로 간주하지 않았던 일본정부도 비판했다. 이에 대해 나카가와 국장은 한국 측이 재일한인 전부를 장악하지 않은 것에 문제가 있다는 논리로 반론했다(関智焄, 2019, 141).

ICRC는 1957년 2월 26일 최종입장을 담은 각서를 한국, 일본, 북한의 적십자사에 보냈다. 이 각서는 "첫째, 일적은 ICRC파견단이 귀국지원자와 접촉하는데 필요한 기술적 조치를 보장한다. 둘째, 귀국에 필요한 물질적 조건은 관련국가의 당국자 간 협의로 결정한다. 셋째 ICRC는 배선에 협력한다" 등의 항목을 제시하고 있었다. ICRC의 책임소재를 구체화한 것이다. 그 외에 "일본 국내에서의 유송 등은 일적과 정부당국이 책임"지며, "귀국자의 영접은 해당 국가의 적십자사와 정부당국이 담당"할 것을 제안했다. 그리고 이상의 항목에 동의한다면 일본에 파견단을 보낼 것이라며 적극적 개입의사를 밝혔다.[30] ICRC각서는 한국의 반대로

---

29 재일한인의 북한송환경과 1955-57, 한국외무부문서, 파일번호 C1-0011, 분류번호 723.1JA, 등록번호 771.

30 Memorandum of ICRC, 26 February 1957(from Boissier to Shimazu), 日本外務省文書, 開示請求番号2004-00637, 文書番号6; ICRC Memorandum, 26 February 1957; reprinted as Annex 1 of Aide-Memoire by J-P Maunoir "Rapatriement des Coréens du Japon en Corée du Nord", ICRC Archives, file no. B AG 232 105-007; Letter from Boissier to Chan Whan Soh, 26 February 1957; Attached) Memorandum of ICRC, 한국외무부문서, 파일번호 C1-0010, 분류번호 723.1JA, 등록번호 768.

당시에는 결국 실행되지 않았지만, ICRC의 의도와는 상관없이 이후 대규모 북송
사업의 가이드라인이 된다.

다. 북송문제의 의제설정과 주요쟁점

1956년의 재일한인 북송희망자의 등장은 1959년의 북송문제와 관련한 주요
행위자의 기본입장을 드러내고 있었다. 48인의 자발적 북송희망자들에 대한 북
한의 대응은 소극적이고 사후적이었다. 북한의 전략적 거점은 오무라 수용소 내
귀국희망자였기 때문이다. 북송을 위해 일반 재일한인을 조직화하는 것은 북한
이 대일전략을 수정한 이후에 이루어진다. 한편 한국의 입장에서 48인의 북송은
북한의 국가 정통성을 인정하는 것으로 이해되었다. 이에 대한 강경대응이 전개
되는 과정에서, 재일한인 정책은 국적선택을 기준으로 한 '선별'에서 국적과 상
관없이 '포섭'하는 방향으로 전환되고 있었다. 일본 정부는 내각의 결정이 아닌
일적의 활동에 대한 양해방식을 통해 북송을 추진하고 있었다. 한국의 반발이 문
제였고, 이 때문에 ICRC의 개입을 통한 문제해결 방식이 구체화 되어갔다.

ICRC가 새로운 행위자로 가세하면서, 북송문제의 의제 설정을 둘러싼 기본
대립구도가 나타났다. ICRC는 국제적인 인권규범과 관련한 사안이라는 기본인
식 하에 48인에 대한 여권을 발급하는 한편, 정치적으로 민감한 사안인 점을 고
려해 한반도와 일본 사이의 포괄적 송환루트를 제시했다. 여기서 책임 주체는 한
국, 일본, 북한의 정부 당국이라는 점도 분명히 했다. 이를 전제로 개입 의사를 밝
힘으로써, 북송문제는 관련 국가 간 쌍무적 의제가 아니라 국제규범과 관련한 다
국적 의제라는 점을 분명히 한 것이다. ICRC가 제시하고 있는 협상의 기본의제
는 결국 거주지 선택과 이동의 자유라는 국제 인도주의 규범이었다. 이에 대해서
일본과 북한은 동의했지만, 한국은 찬성할 수 없었다. 문제를 자국민 보호와 주권

관련 의제로서 설정했기 때문이다. ICRC가 제시한 최종 각서에서는 1959년 전개될 북송협정을 둘러싼 협상의 구체적인 쟁점들도 그 윤곽을 드러내고 있었다.

첫째, ICRC의 개입과 역할문제이다. 일본의 적극적인 찬성과 달리 한국은 의제설정을 달리하고 있었기 때문에 원칙적으로 반대의 입장이었다. 북한 또한 대일 접근전략의 차원에서, 향후 ICRC의 개입을 반대하는 입장을 드러내게 된다. 협상의 의제와 성격을 결정짓는 문제였던 만큼, 이 문제는 1959년 북송협정의 타결과 실행의 결정적인 변수로 작용한다.

둘째, 북송협상의 성격과 방식의 문제이다. 최종 각서는 적십자 단체를 교섭창구로 국가 간의 협상을 진행하되, ICRC의 입회를 허용하라는 제안으로 해석할 수 있다. 한국의 입장에서 ICRC의 입회는 물론 협상 주체로서 북한은 고려의 대상이 아니었다. 후술하겠지만 ICRC의 입회를 배제한 양자회담은 소련을 비롯한 국제공산주의 진영의 공통된 전략이었고, 이를 견제하기 위해 미국은 이 문제에 개입 또는 중제에 나서게 된다.

셋째, 북송사업 실행의 주체와 방법의 문제이다. 특히 누가 배선을 책임질 것인지가 중요했다. 이에 따라 북송 사업의 성격이 가늠지어지고, 실행 가능성도 달라지기 때문이다. 여기서 ICRC는 스스로가 배선을 책임질 것을 제안함으로써 인도주의 사업을 둘러싼 국제분쟁을 최소화하고자 했다. 한국정부의 북송선의 안도권 위협에 대한 대응이었지만, 일본정부의 배선거부도 중요한 이유였다. 북송추진의 국가적 책임을 회피할 수 있는 중요한 근거가 되기 때문이다.

북송문제의 의제와 쟁점에 대한 미국의 입장은 특별한 의미를 가진다. 일본과 한국 모두 미국의 개입과 중재를 요청했고, 이에 대응하는 과정에서 미국의 입장도 정리되어 갔다. 다울링 주일 대사의 보고에 기초해, 국무성이 내린 결론은 미국이 사실상 "할 수 있는 일이 없다"는 점을 한국 측에 이해시키는 것이었다[31]. 재일한인의 북한행은 북일 양국의 쌍무적인 문제로 취급되어야 한다는 입장이었다. 이와 같은 입상은 과서의 사례가 판단의 새료가 되었다. 미국은 지난 1955년 8월에 중국과 상대국의 잔류하고 있던 자국민을 귀국시키는 것에 합의하고 이를 실행한 경험이 있었다. 따라서 이 문제에 개입하는 것은 미국의 외교정책 실행에 있어 모순을 초래할 수 있었다. 이 입장은 1959년 북송 사업이 실현되는 과정에도 유지된다.

미국이 한일 양국에 제시한 기본적인 해법은 한일회담의 재개였다. 당시 한일 간의 제 현안에 대해서는 ICRC 최종 각서가 보내지기 직전에 김용식 공사와 나카가와 국장 간에 원칙적인 의견의 일치가 이루어지고 있었다(『朝日新聞』, 1957년 2월 22일). 한국정부가 억류자 상호석방문제를 중심으로 일본과 직접교섭에 임하는 것으로 방침을 전환한 것이다. 한일관계 재개의 본격적인 움직임은 3월 중순 미국의 덜레스(John Foster Dulles) 국무장관이 일본과 한국을 순방하면서 가속화되었고, 4월부터는 한일예비회담이 시작된다. 한국정부의 이러한 선택은 민단과의 관계도 고려한 것이었다. 민단은 한일관계의 개선 또한 원하고 있었기 때문에 한국정부의 대응에 불만을 가지고 있었다(閔智焄, 2019, 123).

---

31 Telegram form Dowling to Noel Hemmendinge, 1956. 8. 21, RG 84, Korea, Seoul Embassy, Classified General Records, 1956-58; Telegram form Noel Hemmendinge to Dowling, 1956. 9. 12, RG 84, Korea, Seoul Embassy, Classified General Records, 1956-58.

Ⅲ. 북송협정을 둘러싼 협상의 전개과정

1. 집단적 귀국결의와 '각의양해'

가. 한일회담의 재개와 오무라 수용소

1957년 12월 31일, 한일 양국 간에 부산과 오무라 수용소에 억류 중인 양 국민의 상호석방문제가 합의되었다. 그리고 약 4년 반 동안 공백기에 있던 제4차 한일회담의 재개가 예정되었다.[32] 당시 최대 현안이 해결국면에 들어감에 따라, 본회담으로의 이행은 순조로울 것으로 예상되었다. 하지만 1958년 3월 1일에 예정되었던 본 회담은 개최되지 못한 채 수 차례 미루어지고 있었다. 상호석방합의문에 오무라 수용소 내 북한귀국희망자 문제가 빠져 있었던 것이 문제였다. 당시오무라 수용소 내 북한귀국희망자의 수는 95명이었다.[33] 한국은 그들이 당연히상호석방의 대상에 포함되는 것으로 간주했었지만, 일본 측의 해석은 그렇지 않았다.

제4차 한일회담은 유태하 주일 공사와 기시 노부스케(岸信介) 수상의 특사 야츠기 가즈오(矢次一夫)의 비공식 접촉으로 일단 수습단계에 들어갔다. 4월 15일개최된 첫 회담에는 교우관계였던 임병직 UN대사와 사와다 겐조(澤田廉三) 외무성 고문이 각각 수석대표로 임명되었다. 임병직은 UN대사 출신의 사와다와 교

---

32 Memorandum of Understanding between the Government of the Republic of Korea and the Government of Japan Regarding Measures on Koreans Detained in Japan and Japanese Detained in Korea, 한국외무부문서, 파일번호 C1-0011, 분류번호 723.1JA, 등록번호 773.

33 Chronology concerning mass expulsion of Korean residents in Japan to northern part of Korea, April 1~February 17. 1959, 한국외무부문서, 파일번호 C1-0011, 분류번호 723.1JA, 등록번호 771.

우관계에 있었기 때문에 본 회담의 분위기는 우호적이었다. 하지만 뒤이은 실무협의에서 북한귀국희망자들의 한국 송환문제와 관련한 일본 측의 입장은 여전히 부정적이었다.[34] 이와 관련해 일본 대표단의 구성에는 흥미로운 인사가 발견된다. 특명전권대사라는 직함으로, 이노우에 고지로(井上孝次郎)가 사와다의 바로 옆자리에 앉아 임병직과 정면으로 마주하고 있었던 것이다.[35] 그는 북송문제를 최선두에서 추진하고 있던 이노우에 마스타로 일적 외사부장의 친 동생이었다.

일적의 이노우에는 억류자 상호석방과 재일한인의 북송을 동시 추진하는 구상을 가지고 정부를 설득하고 있었다.[36] 하지만 일본 정부 내 반응은 양분되어 있었다. 후지야마 아이이치로(藤山愛一郎) 외상이 적극적인 지지였던 반면,[37] 자민당 외교위원회 위원장인 후나다 나카(船田中)를 비롯한 친한파 의원들은 반대 입장이었다(吉澤, 2005, 81-82). 기시 수상은 이 문제에 대해 신중한 자세로 일관했고 관련한 의견의 공표 또한 자제하고 있었다. 당시 이노우에가 정부의 주요 인사들을 설득하는 가장 중요한 논거는 조만간 ICRC가 이 문제에 개입할 것이라는 예측

---

34 Chronology concerning mass expulsion of Korean residents in Japan to northern part of Korea, April 10~February 17. 1959, 한국외무부문서, 파일번호 C1-0011, 분류번호 723.1JA, 등록번호 771.

35 그는 아르헨티나 대사로 5년간이나 본국으로 멀어져 있었기 때문에 한일문제에는 큰 인연이 없는 인물이었다(Chronology concerning mass expulsion of Korean residents in Japan to northern part of Korea, April 10~February 17, 1959, 한국외무부문서, 파일번호 C1-0011, 분류번호 723.1JA, 등록번호 771).

36 이노우에는 당시 북송의 필요성을 정부 측에 설득하기 위해 사적으로 설명 문건을 작성한 바 있다(日本赤十字社, 1956, 『在日朝鮮人の生活の実態』未完; 日本赤十字社, 1956; 『在日朝鮮人帰国問題の真相』(稿訂再販)未完).

37 일적의 시마즈 사장은 1957년 8월 19일 ICRC측에 전문을 보내 북한으로 귀국하고자 하는 사람들을 한국으로 추방하는 일은 없을 것이라는 약속을 정부로 부터 받았다고 전했다(Letter of Mr. Shimazu, President of Japanese Red Cross Society(to Frederic Siordet Vice President International Committee of the Red Cross), August 19, 1957, 日本外務省文書, 開示請求番号2004-00637, 文書番号6).

이었다. 이 예측은 11월 6일 뉴델리에서 개최된 ICRC총회에서 거주지 선택의 자유와 관련한 의안이 채택됨에 따라 점차 확신으로 바뀌어가고 있었다.[38] 그리고 오무라 수용소 내 북한귀국희망자 문제의 해결은 이노우에의 구상을 현실화시키는 첫 행보였다.

북한의 저항도 이 오무라 수용소로부터 시작되었다. 1958년 1월 4일 남일 외상은 성명을 발표해, 한일상호석방합의 및 한일회담 재개에 대해 "전조선인민의 이익에 관한 문제"로서 인정할 수 없다는 입장을 밝히는 한편, 오무라 수용소 내 북한귀국희망자 문제해결을 명목으로 조적 대표단의 현지파견을 제안했다.[39] 성명발표 3일 후에는 조적의 리병남 위원장이 오무라 수용자에 대한 원조물자 전달을 위한 대표단의 일본파견을 제안하는 공식담화를 발표했고,[40] 이와는 별도로 일적의 시마즈 사장과 ICRC의 보아쉐 위원장 앞으로 관련한 협력 요청문을 보냈다.[41] 뒤이어 조선평화옹호전국위원회를 비롯한 각계의 대표가 관련한 담화를 발표하는 한편, 일본의 관련단체들에게도 협력을 요청하는 서간이 보내졌

---

38 Resolution of XIXth International Conference of the Red Cross(on Reunion of Dispersed Families), November 6, 1957, 日本外務省文書, 開示請求番号2004-00637, 文書番号6.

39 "일본정부와 남조선 당국이 비법적으로 억류된 조선공민들에 관한 문제와 《한일회담》 재개와 관련하여 《공동성명》을 발표한 것에 대해," 『로동신문』 1958년 1월 4일.

40 "일본 수용소들에 억류된 조선 동포들에 대한 문제는 인도주의적으로 해결되어야 한다," 『로동신문』 1958년 1월 8일; 外国文出版社, 1959, 「朝鮮赤十字会中央委員会委員長の談話(1958年1月7日)」, 『祖国は待っている-在日同胞の帰国問題にかんする文献』, 82-85.

41 "전문, 일본수용소들에 억류되어 있는 조선공민들에 대한 일본정부와 남조선 당국의 비인도주의적 조치와 관련하여," 『로동신문』 1958년 1월 8일; "전문, 일본 수용소들에 억류된 조선공민들의 문제는 공인된 국제법과 인도주의적 원칙에서 조속히 해결되어야 한다," 『로동신문』 1958년 2월 18일; 外国文出版社, 1959, 「朝鮮赤十字会中央委員長が赤十字国際委員会委員長におくった電文(1958年1月7日)」, 「朝鮮赤十字会中央委員長が日本赤十字社社長におくった電文(1958年1月7日)」, 「朝鮮赤十字会中央委員会委員長の談話(1958年2月18日)」 『祖国は待っている-在日同胞の帰国問題にかんする文献』 9-10, 15.

다.[42] 북한 국내에서는 오무라 수용소 내 북한귀국희망자들에 대한 탄압을 규탄하는 대규모 규탄대회가 연일 동원되었다.[43]

북한은 이와 더불어 평화공세, 즉 인민외교의 평화공존의 원칙을 공세적으로 실행에 옮겼다. 1958년 2월 5일 자 정부성명에서는 "조선문제의 평화적 해결방법"으로서 "외국군대가 남북조선으로 부터 동시에 철퇴"할 것을 제안했고,[44] 당시 평양 방문 중이던 주은래(周恩來)는 19일에 김일성과 함께 북한의 제안을 전면 지지하는 내용의 공동성명을 발표했다.[45] 실제로 북한주둔 중국인민지원군은 3월 16일부터 철수를 시작해,[46] 4월 5일에는 3개 사단의 철퇴를 완료했다.[47] 한편, 3월 1일에는 평양방송이 북한 영공에 불법으로 침투했다는 이유로 억류되어 있던 KNA기의 한국인 승객을 석방해 귀국시킬 준비가 되어 있다고 발표했다(『로동신문』 1958년 3월 2일) 이 발표는 당초 예정되어 있던 제4차 한일회담의 개시가 무산된 날에 맞추어져 있었다.

---

42 "일본 수용소들에 억류된 조선 공민들이 남조선으로 강제송환 되어서는 안 된다-일본 수용소들에 억류된 조선 공민들의 문제에 대한 각계 인사들의 담화," 『로동신문』 1958년 1월 11일; "일본 수용소들에 억류된 조선 공민들의 정당한 권리를 보장하라," 『로동신문』 1958년 1월 14일; "일본 수용소들에 억류된 조선 공민들의 권리를 보장하라-우리나라 사회단체들에서 일본 사회단체들에 서한," 『로동신문』 1958년 1월 16일.

43 "일본 오무라 수용소에 억류된 조선 공민들 공화국에로의 귀국을 위하여 과감히 투쟁," 『로동신문』 1958년 1월 29일; "남조선에로의 강제송환을 결사반대한다-일본 오무라 수용소에 억류된 조선 공민들 남일 외무상의 성명을 지지하여 궐기대회," 『로동신문』 1958년 1월 30일; "오무라 수용소 내의 일부 동포들 공화국에로의 귀국을 요구하며 단식투쟁," 『로동신문』 1958년 2월 19일.

44 "조선에서 일체 외국 군대의 철거문제와 조선의 평화적 통일문제와 관련하여 - 조선민주주의인민공화국 정부성명," 『로동신문』 1958년 2월 6일.

45 "조선민주주의인민공화국 정부와 중화인민공화국 정부의 공동성명," 『로동신문』 1958년 2월 20일.

46 "중국 인민 지원군 부대 주둔 현지를 계속 출발," 『로동신문』 1958년 3월 15일.

47 "중국인민지원군 첫3개 사단이 철거를 완료," 『로동신문』 1958년 4월 8일.

하지만 북한의 저항은 효과적이지 않았다. 4월 15일 제4차 한일회담은 다시 재개되었고, 총 4차에 걸쳐 오무라 수용자의 한국 송환이 강행되었다. 이에 대해 북한은 조총련을 통한 오무라 수용소 내부의 동원력으로 대응했다. 6월 26일 오무라 수용소 내 북한귀국희망자 94명이 즉시석방과 북한귀국실현을 요구하며 무기한 단식투쟁에 돌입한 것이다. 단식투쟁에 의해 자살자 및 부상자가 속출했고, 이에 따라 일본 법무성은 7월 7일 긴급히 병약자 26명을 가석방한다는 구두약속을 하기에 이른다. 이 조치에 대해 다음날 한국정부는 항의 구상서를 발표하고, 8월 20일에 개최예정이었던 어업 및 평화선 위원회 참가를 전면 거부했다.[48] 단식투쟁을 통해 한일회담에 균열을 가하려던 북한의 시도는 일단 성공했다고 할 수 있다.

오무라 수용소 내 단식투쟁 참가자에 대한 가석방 조치는 이노우에가 후지야마 외상 등 주요 정부 관계자들을 설득한 결과이기도 했다. 이노우에는 조총련의 한덕수 의장 및 일조협회의 하타나카 이사장 등과도 접촉해, 일본에 기항 예정인 소련 선박을 가석방자들의 북송에 이용하는 계획을 전하고 이에 대한 김일성의 의사를 확인해 줄 것을 요청했다(テッサ·モリス, 2007, 193). 시마즈 사장 또한 조적의 리병남 위원장에게 비밀리에 서간을 보내 소련선박을 이용한 가석방자들의 북송계획을 알리고, 이 계획의 성공을 위해 "프로파간다나 정치선전 없이 조용히 대응해 주길 바란다"고 요청했다.[49] 소련 선박을 이용하는 북송 방식은 북한이 이미 추진했던 계획이기도 했다.[50] 따라서 일적 측은 북한으로부터 긍정적인 답

---

48 Chronology concerning mass expulsion of Korean residents in Japan to northern part of Korea, April 10~February 17, 한국외무부문서, 파일번호 C1-0011, 분류번호 723.1JA, 등록번호 771.

49 Chronology concerning mass expulsion of Korean residents in Japan to northern part of Korea, April 10~February 17, 한국외무부문서, 파일번호 C1-0011, 분류번호 723.1JA, 등록번호 771.

50 1957년 8월에 북한은 재일한인 유학생 유치를 위해 김일성이 푸자노프 대사에게 소련선박의

신을 기대했을 것이다.

나. 북한으로의 집단적 귀국결의

하지만 북한의 반응은 일적 측의 예상과는 전혀 다른 것이었다. 1958년 7월 8일, 남일 외상이 성명을 통해 일본정부의 가석방 조치가 "조선공민을 박해해 온 일본정부의 책동이 초래한 결과를 여론으로 부터 은폐시키기 위한 수작"이라며 항의한 것이다.[51] 당시 오무라 수용소에 남은 인원은 이미 754명으로 급감한 상태였다.[52] 북한의 입장에서 오무라 수용소의 전략적 가치는 그 만큼 낮아져 있었던 것이다. 여기에 북한귀국희망자의 석방 및 북송이 추가될 경우, 오무라 수용소는 한일회담을 견제하는 거점으로써의 가치를 상실하게 된다. 따라서 북한으로서는 전혀 다른 차원의 대응이 필요했고, 이 성명은 그 전조였던 것이다. 제4차 한일회담이 재개되기 전까지, 북한은 교육비 원조 등 조총련을 통한 지원정책을 통해 재일한일 사회 내 지지를 확대시켜왔고, 일조협회의 전국조직화와 각 분야 별 인사들의 초청외교로 일본 사회에 대한 영향력 또한 커진 상태였다. 북한의 새로운 대응은 바로 이러한 대일 인민외교의 성과들을 최대치 이상으로 가동시키는 것으로 나타났다.

그 첫 장면을 당시 조총련 기관지 조선민보는 다음과 같이 묘사했다. "1958년 8월 11일 가나가와현 가와사키시 나카도메에 거주하는 재일조선인들이 일본에

제공을 요청한 바가 있다(조선민주주의인민공화국주재 소련대사 A.M. 푸자노프 일지 (1957年8月17日), AVPRF, f.0102, op.13, p.72, d5.

[51] "일본 오무라 수용소에 비법적으로 억류되어 있는 조선공민들을 남조선으로 강제송환하기 위하여 일본 정부가 일관하여 취하고 있는 부당한 조치와 관련하여-조선민주주의 인민공화국 외무상 성명,"『로동신문』1958월 7월 9일.

[52] 「朝鮮対策特別委員会報告(日日不明)」(鈴木茂三郎文庫).

서의 생활을 청산하고 조국으로 귀국할 것을 집단적으로 결심하고, 그 심경을 담은 편지를 김일성 수상에게 보냈다. (중략) 이 결의는 다음날 12일 동경에서 열린 8·15 조선해방 13주년 기념 재일조선인축하대회에서 확인되었고, 귀국실현결의로서 채택되었다(『조선민보』 1958년 8월 14일)". 이른바 집단적 귀국결의가 시작된 것이다. 이에 즉답하듯이, 김일성은 9월 8일의 북한 건국10주년기념축하대회에서 "재일조선인의 귀국열망을 열렬이 환영한다"고 공언했고,[53] 16일에는 남일 외상이 "귀국 후 그들의 생활안착과 자녀교육을 전면적으로 보장한다"고 공식 성명했다.[54]

재일한인의 북한 귀국운동은 이후 오무라 수용소를 넘어 전국적으로 확대되었다. 그 결과 1959년 1월말에 이르면 북한귀국희망자 수가 10만 명을 상회하게 된다(『朝鮮総連』 1959년 1월 21일, 2월 11일). 이는 물론 조총련의 조직 동원의 결과였다.[55] 하지만 8.15 조선해방 13주년 기념 재일조선인중앙축하대회에서 귀국운동의 전국적인 추진을 최우선 과제로 결정한 것은 조총련의 운동노선의 갑작스러운 변화였다. 1957년부터 1958년에 걸쳐 후생성의 재일한인 생활 보호비 삭감정책에도 불구하고 조총련의 기본방침은 재일한인의 귀국의사를 억제하는 '생활의 장기태세와 정상화'에 있었다.[56] 약 3개월 전인 5월 27일에 개최된 조총련 제4회 전체대회에서도 귀국문제는 의제조차 되지 않았었다. 전체대회의 결정은 조

---

53 "조선민주주의인민공화국 창건 10주년기념경축대회에서 김일성 수상의 기념보고," 『로동신문』 1958년 9월 9일.

54 "재일 동포들의 귀국문제와 관련해-조선민주주의인민공화국 외무상 성명," 『로동신문』 1958년 9월 17일.

55 집단적 귀국결의의 발생지는 보다 정확히 말하면 조총련 가나가와지부 나카도메 분회에서 열린 '조국을 알리는 모임(祖国を知る集い)'이었다. 이 곳은 조총련 의장 한덕수의 출생지이다.

56 在日本朝鮮人総連合会中央委員会, 1958, "대회 결정서," 『第四次全体大会報告 및 決定集』 100.

총련 운동의 총노선이다. 이는 북한의 대일정책에 기초해 수립된다. 이것이 단기간에 전면 수정되기 위해서는 북한의 직접 지령 없이는 불가능하다.

집단적 귀국결의가 시작하기 약 한달 전인 7월 14일, 김일성은 평양주재 소련대사관 참사관 페리쉔코(V. I. Pelishenko)와의 면담자리에서 "모든 재일조선인들을 북한에 귀국시킨다"는 방침을 통보했었다.[57] 이 통보는 오무라 수용자들의 가석방조치에 대한 남일 외상의 항의성명이 있은 직후에 이루어진 것이다. 조총련의 운동방침의 급변이 있었던 8월 12일에도, 김일성은 페리쉔코를 만나 이와 관련한 "사전작업이 조선로동당중앙위원회 연락부에 의해 독자루트를 통해 진행 중"이라는 사실을 밝혔다. 당 연락부는 대남공작사업을 주요임무로 하는 곳이다. 즉 북한으로부터 파견된 공작원에 의해 조총련의 운동노선에 대한 조정이 사전에 이루어졌을 가능성을 시사한다.[58] 그리고 "재일조선인 스스로 귀국요구를 발신하고 (중략) (북한)정부가 이를 전면적으로 수용하는 형태"로 귀국운동을 추진한다는 계획도 세우고 있었다. 전술한 김일성에 의한 귀국환영 연설(9월 8일) 및 정부성명(9월 16일) 등은 이미 예정된 수순이었던 것이다.

김일성이 북송사업 추진계획을 소련 측에 처음으로 알린 것은 주일 소련대사관을 통해 일본정부와의 공식적인 접점을 모색하기 위해서였다. 이에 대해 소련 외무성 극동과는 8월 23일에 재일한인의 대규모 북송 가능성을 분석한 보고서를 소련주재 북한대사관 리신팔에게 전달했다. 이 보고서는 주일 소련대사관

57 조선민주주의인민공화국 주재 소련대사관 참사관 V.I. 페리쉔코와 조선민주주의인민공화국 수상 김일성동지와의 대담기록(1958년 7월 14일, 15일), AVPRF, f.0102, op.14, p.75, d8. 당시 푸자노프 대사는 러시아 체류 중이었다.
58 조선민주주의인민공화국 주재 소련대사관 참사관 V.I. 페리쉔코와 조선민주주의인민공화국 수상 김일성동지와의 대담기록(1958년 8월 12일), AVPRF, f.0102, op.14, p.75, d8.

이 보낸 것이었다.[59] 동월 27일 남일 외상이 북송과 관련한 성명을 발표하기 전에, 성명의 전문을 소련대사관이 일본정부에 직접 전해주도록 페리쉔코에 요청한 것도 이 때문이었다.[60] 남일 외상의 성명발표 당일인 9월 16일, 푸자노프(A. M. Puzanov) 대사는 성명의 전문을 소련 외무성 극동과에 시급히 전송했다.[61] 그리고 이 성명문은 주일소련대사관을 통해 일본 외무성에 전달되었다.[62] 북한의 귀국운동 추진과 동시에 소련의 대일 공식 외교망도 가동하기 시작한 것이다.

다른 한편에서, 북한은 대규모 초청외교를 개시해 일조협회를 비롯한 일본 혁신계를 상대로 북송 사업추진 계획을 직접 설명하고 지원과 지지를 획득하고자 했다. 일본 혁신계의 방북은 집단적 귀국결의 발생 시기부터 조총련에 의한 북송 관련 제1차 전국 진정행동(1958년 10월 30일)사이에 집중적으로 이루어졌다. 초청의 창구는 북한의 대일 인민외교의 주요 파트너였던 일조협회였지만, 그 초청의 대상은 정당 및 주요 평화, 노동단체 등을 총 망라하고 있었다.[63] 방북단의 평양체류기간은 일본 국내에서 귀국운동이 전국적으로 확산되던 시기와 일치한다. 귀국운동의 전국화를 촉발시킨 것은 전술한 9월 8일 북한 건국 10주년 경축식에서

---

59 소련외무성 극동과장 M.V 지먀닌과 소련 주재 조선민주주의인민공화국 대사 리신팔 동지와의 대담록(1958년 8월 23일), AVPRF, f.0102, op.14, p.75, d5.

60 조선민주주의인민공화국 주재 소련대사관 참사관 V.I. 페리쉔코와 조선민주주의인민공화국 외상 남일 동지와의 대담록(1958년 8월 12일), AVPRF, f.0102, op.14, p.75, d3.

61 조선민주주의인민공화국 주재 소련대사 A.M 푸자노프의 일지(1958년 9월 16일), AVPRF, f.0102, op.14, p.75, d7.

62 일본 외무성은 성명문의 수령을 거부했다(조선민주주의인민공화국 주재 소련대사 A.M 푸자노프의 일지(1958년 9월 26일), AVPRF, f.0102, op.14, p.75, d7).

63 "조선 방문 일본 평화 대표단 평양에 도착," 『로동신문』 1958년 8월 17일; "8.15 해방 13주년 및 공화국 창건 10주년경축 조선방문 일본 인민사절단 평양에 도착,"『로동신문』 1958년 8월 24일; "조선방문 일본 전로조 대표들 평양에 도착,"『로동신문』 1958년 9월 3일; "일본로동조합총평의회 대표단 평양에 도착,"『로동신문』 1958년 10월 17일.

김일성 수상이 행한 귀국환영 연설이었다. 평양을 방문하고 있던 일본 혁신계 인사들은 이 연설장면을 현장에서 직접 목격하고 있었던 것이다.[64]

일본인들의 초청 및 방북과 관련한 입무는 1958년 7월 4일 문화신진성에 신설된 대외문화련락위원회가 담당했다. 그 전까지 일조협회와 인민외교 채널을 이루어 온 것은 북한 내각의 외각조직이었던 대문협이었다. 대외문화련락위원회의 신설은 기존 대문협이 내각의 직할 조직으로 재편되었음을 의미했다. 이는 비정부간 교류를 표방해 온 대일 인민외교가 정부 간 교섭의 추진으로 전환될 것임을 예견하는 것이었다.[65] 10월 30일에는 통일전선 조직인 조국통일민주주의전선(이하 조국전선)이 중앙위 확대회의의 결의로써 일본의 약 100여 단체 및 500여 개인 앞으로 공개서한을 보냈다.[66] 서한에는 방북경험이 있는 혁신계 인사들의 이름이 열거되어 있었다. 그리고 서한 수령자 중 90여명의 단체 대표 및 개인들이 11월 17일에 중의원의원회관에 집결해 재일조선인귀국협력회(이하 귀국협력회)를 결성하기에 이른다.

귀국협력회에는 자민당의 이와모토 노부오(岩本信夫)가 대표위원으로 선출되었고, 일본사회당의 호아시 게이가 간사장이 됨으로써 초당파 조직의 면모를 갖추었다(『朝鮮総連』, 1958년 12월 1일). 하지만 귀국협력회 결성의 핵심적인 역할을 담당한 것은 일조협회 하타나카 마사하루 이사장이었다. 귀국협력회 결성을 앞두고 일조협회는 10월 20일 제4회 전국대회를 개최해 귀국협력운동을 최우선 추진과제로 결정했다. 대회에서는 삼임이사 제도를 이용해 귀국협력회에 관여하

---

64 그 외 귀국문제에 대한 남일 외무상의 성명(9월 6일)과 김일 부사상의 담화(10월 6일) 등도 방북단들의 체제기간 중에 이루어졌다(日本と朝鮮 1958년 9월 20일).

65 "공화국 내각에 대외문화련락위원회를 창설할 것을 결정,"『로동신문』1958월 7월 10일.

66 "일본의 제 정당, 사회단체 및 사회계 인사들에게 보내는 편지-조선민주주의 인민공화국 조국통일 민주주의전선 중앙위원회 확대회의,"『로동신문』1958년 11월 1일.

게 될 주요 인사들을 대거 영입하는 한편, 참여이사 제도를 추가해 조총련 간부 3인을 추가 임명했다.[67] 귀국협력운동 추진과정에서 조총련과의 연계를 강화하고자 한 조치였다. 뒤이어 조총련의 귀국운동에 대한 정당 및 사회단체들의 지지성명이 뒤를 이었다.[68] 이러한 일본의 국내 상황은 1959년 1월 하타나카의 방북을 통해 북한에 직접 보고되었다.[69] 당시 김일성과의 회담을 가진 하타나카는 "나의 조선방문에 있어 클라이맥스였다"고 회상했다(『日本と朝鮮』 1959년 2월 15일).

다. 일본정부의 북송사업 '각의양해'

유태하 주일 공사로부터 북송관련 움직임에 대한 첫 보고가 이루어 진 것은 1958년 10월 1일 이었다.[70] 집단적 귀국결의가 있은 지 2개월이나 경과된 시점이었다. 그 동안 주일대표부의 시선은 오무라 수용소 문제에 머물러 있었다(김동조, 1986, 129). 이에 앞서 김일성의 귀국환영 연설 직후인 9월 11일, 다울링 주미 대사는 김동조 외무차관에게 일본에서 한일회담을 방해하기 위한 대규모 북송운동이 시작되었다는 정보를 사전에 제공한 바 있었다. 여기서 다울링은 운동의 주역으로서 친북 조직인 일조협회를 거론했다. 북한과 일본 혁신계 간의 연계 속에 운동이 전개되고 있음을 환기시킨 것이다. 그리고 일본정부의 오무라 수용자 가

---

67 참여이사로 선임된 것은 조총련 외무부장 윤상철 등 외 중앙위원 홍관천, 김창오 등이었다 (日本と朝鮮 1958년 12월 15일).

68 특히 총평이 귀국협력운동을 춘투의 투쟁 슬로건으로 삼으면서, 조직적인 운동이 되어 갔다. 귀국운동에 대한 노동계의 지지를 촉진한 것은 일본 사회당이었다(朝鮮総連 1959년 2월 1일).

69 "일조협회 이사장 하다나까 마사하루 평양에 도착," 『로동신문』 1959년 1월 2일; "일조협회 리사장 하다나까 마사하루 조선평화옹호전국민족위원회 한 설야 위원장을 방문," 『로동신문』 1959년 1월 7일.

70 Chronology concerning mass expulsion of Korean residents in Japan to northern part of Korea, April 10~February 17. 1959, 한국외무부문서, 파일번호 C1-0011, 분류번호 723.1JA, 등록번호 771.

석방 조치에 대한 항의로 한국정부가 어업 및 평화선 위원회를 중단시킨 것은 실책이었다고 지적하며 "감정적인 대응"을 진화시키려는 자세를 보이고 있었다.[71]

북한은 인민외교망을 통한 사회적 압력과 더불어, 일본정부를 향해서도 직접적인 메시지를 보내기 시작했다. 특히 1958년 10월 16일, 김일 부수상이 귀국사업의 운송과 관련한 "모든 준비를 갖추고 있다"라고 한 발언은 주목할 만하다. 김일의 이 발언은 일본정부의 역할을 귀국선의 입항 및 재일한인의 출국허가에 한정하도록 해주겠다는 메시지였다. 1957년 2월의 ICRC 각서, 즉 ICRC가 배선에 협력한다는 중재라인을 넘어선 파격적인 제안이었다.[72] 배선문제는 북송사업의 정치적 성격을 규정짓는 가장 민감한 사안이었다. 북한이 배선 및 운송의 책임을 지게 되면, 재일한인의 강제추방이라는 한국 측의 비판은 그 근거를 상실할 수 있기 때문이다. 나아가 한국이 북송선의 안도권을 부여하지 않을 경우, 결과적으로 남북한 간의 분쟁으로 비화할 수 있었다.

김일의 새로운 제안이 있자, 일적은 1958년 11월 20일 이사회를 열어 재일한인 북한 송환이 정치와 분리된 인도주의적 문제라는 입장을 재확인하고, 이를 "긴급처리를 요하는 안"으로서 조기해결을 결의했다.[73] 정부 내에서는 1959년 1월 22

---

71 Information, Memorandum of Dialogue with Ambassador Walter C. Dowling of the U.S. Embassy (September 11 1958), 한국외무부문서, 파일번호 B-0001, 분류번호 704.1, 등록번호 6. 다울링의 정보는 맥아더 주일대사로 부터 전달된 전문에 근거한 것이었다. 그리고 맥아더 대사의 정보원은 일본 외무성 아시아국 북동아시아과였다.

72 Memorandum of ICRC, 26 February 1957 (from Boissier to Shimazu), 日本外務省文書, 開示請求番号2004 - 00637, 文書番号6; ICRC Memorandum, 26 February 1957; reprinted as Annex 1 of Aide-Memoire by J-P Maunoir "Rapatriement des Coréens du Japon en Corée du Nord", ICRC Archives, file no. B AG 232 105-007; Letter from Boissier to Chan Whan Soh, 26 February 1957; Attached) Memorandum of ICRC, 한국외무부문서, 파일번호 C1-0010, 분류번호 723.1JA, 등록번호 768.

73 이 결의를 이끌어 내기 위해 이노우에가 작성한 보고문서는 日本赤十字社井上外事部長「在日朝鮮人の帰国問題はなぜ人道問題であり, 緊急処理を要するのか?─日赤理事会の決議について」,

일 각의양해 안이 작성되었고, 이를 의제로 한 각료회의가 30일 정식으로 개최되었다.[74] 조총련의 귀국운동과 일본인의 귀국협력운동이 최절정에 달하던 시점이었다. 자민당 내에서는 2월 5일에 북송을 지지하는 후지야마 외상의 의견에 대한 원칙적인 동의가 이루어졌다. 한일회담과의 관계에 대한 이견은 10일의 각료회의를 거치면서 조정되었다. 여기서 내려진 결론은 ICRC의 참가를 전제로 하되, 한일회담과는 별도의 사안으로 북송을 추진한다는 것이었다. 한국을 설득하기 위한 논리였지만, 한국의 반대로 북송이 실패했을 경우에는 "UN으로의 제소도 고려한다"라는 자세였다.[75]

각료회의 다음 날인 2월 11일, 일적의 이노우에는 갈로핀(R. Gallopin) ICRC 집행부장 앞으로 전문을 보내 협력의사를 재차 확인하고자 했다. 전문에서 이노우에는 한국이 "매우 흥분"한 상태로 북송사업에 반대하고 있고, 북한도 "너무 열광"한 나머지 ICRC의 역할조차 제외시키고자 하고 있다고 주장했다. 이에 비해 일적과 일본정부는 "어떠한 방해에도 굴하지 않고, 인도주의와 기본적인 자유를 위해 최후까지 (북송사업을) 수행할 것"임을 어필하고 있었다. 그리고 이노우에는 사적인 견해임을 전제로 하면서, ICRC의 개입에 대한 한국과 북한으로부터의 "방해공세를 세계에 알릴 필요가 있다"고 첨언했다.[76] 이 전문이 보내진 바로 다음날 후지야마 외상은 재일한인의 북송을 단행할 것임을 한국정부에 통고했다.[77]

日本外務省文書, 開示請求番号2004 - 00637, 文書番号1.

[74] 「閣議了解(案)(1959年1月22日)」, 日本外務省文書, 開示請求番号2004-00637, 文書番号4.

[75] Chronology concerning mass expulsion of Korean residents in Japan to northern part of Korea, April 10~February 17. 1959, 한국외무부문서, 파일번호 C1-0011, 분류번호 723.1JA, 등록번호 771.

[76] Telegram From Inoue to Gallopin Feb 11, 1959, 日本外務省文書, 開示請求番号2004-00637, 文書番号6.

[77] 北鮮帰還クロノロジー, 日本外務省文書, 開示請求番号2004-00635, 文書番号18.

그리고 2월 13일 일본정부는 '재일조선인 중 북한 귀환희망자를 다루기 위한 각의양해(이하 각의양해)'를 발표했다. '결정'이 아니라 '양해(了解)'의 형식을 취한 것은 일본정부의 책임소재를 회피하기 위한 것이었다. 즉 형식상 귀국에 관한 일체의 업무를 일적과 ICRC에 위임하고, 정부는 이를 양해한다는 것이었다. 여기서도 핵심은 "배선을 행하지 않는다"는 항목이었다.[78] 각의양해에 별도로 첨부된 자료에는 그 이유로 "첫째, (일본정부에 의한) 송환이 아니라는 표면상의 이유. 둘째, 한국에 대한 정치적 고려. 셋째, 항해의 안도보장" 등을 들고 있었다. 하지만 북송에 필요한 재정은 정부가 충당한다는 점에 대해 해당 각 부처의 이견이 없었음이 적시되어 있었다. 북송사업의 추진 주체가 일적이 아니라 일본정부임을 드러내는 대목이다. 다만 각의양해의 내용 안에는 이 점을 명기하지 않으며, 공식발표 또한 하지 않도록 했다.[79] 그리고 한국 측에 설명할 때에는 재일한인의 "송환이 아니라 임의귀국"이라는 점을 강조하도록 되어 있었다

'각의양해에 이르기까지의 내부사정'이라는 제하의 비밀문서에는 일본정부의 의도가 보다 선명하게 드러나 있다. 이에 의하면 재일한인들의 범죄율이 높기 때문에 치안상의 문제가 되고 있고, 대부분이 생활보호대상자이기 때문에 재정상으로도 부담스러운 존재라고 지적하고 있다. 그리고 그들을 귀국시켜야 한다는 것이 전국적인 여론이며 여당 내에서도 압도적인 지지를 받고 있다는 점 등이 각의양해를 단행한 배경으로 제시되어 있다. 당면한 제4차 한일회담보다 북송추진을 우선한다는 의사도 분명히 하고 있었다. 한국 정부가 반대를 하고 있지만 "문제를 해결하기위한 그 어떤 안도 제시하지 않고 있음이 확인되었다"는 것이다.

---

78 法務省·外務省·厚生省「在日朝鮮人中北鮮帰還希望者の取扱いに関する閣議了解(昭和三十四年二月十三日)」, 日本外務省文書, 開示請求番号2004-00637, 文書番号4.

79 「北鮮帰国問題関係問題点(昭和三四, 二, 一一)」, 日本外務省文書, 開示請求番号2004-00637, 文書番号4.

다만 일본이 북한과의 관계를 새롭게 모색한다는 의미는 아니었다. 오히려 기시 내각이 의도하고 있었던 것은 북송사업의 추진을 통해 "최대한의 장애를 제거해 홀가분한 마음(クリーンハンド; Clean Hand)으로" 향후의 한일회담에 임한다는 것이었다.[80]

각의양해가 발표 된 다음 날 일적대표의 제네바 파견이 결정되었고, 이노우에가 대표로 선출되었다.[81] 형식상 일적의 대표였지만 사실상 일본정부의 대표였다. 일본정부의 협상 방침도 기본 윤곽이 드러났다. 이노우에 대표의 제네바 활동 매뉴얼에는 최대한 단기간에 그리고 효율적으로 북송을 종료시킨다는 논리로 ICRC를 설득하도록 되어 있었다.[82] 공식 협상의 대상은 원칙적으로 ICRC이며, ICRC를 경유해 조적을 상대한다는 것이었다. 다만 협상의 방식은 약간의 수정이 이루어졌다. 각의양해의 초안 작성과정에서는 북한정부 또는 북한 적십자사가 직접적인 교섭을 주장할 경우 이를 "단호한 태도로 거부한다"는 입장이었다.[83] 이것이 각의양해가 확정된 시점에 와서는 ICRC, 일적, 조적으로 이루어지는 "3자회담을 제네바에서 진행시키는 방안도 고려한다"는 것으로 바뀐 것이다.[84] 3자회담 방식은 일본의 마지막 양보선이었다. 이를 위해 회담의 장소로는 제네바를 고수할 필요가 있었다. 이노우에가 제네바에 도착한 것은 2월 21일이었

---

80 「閣議了解に至るまでの内部事情」, 日本外務省文書, 開示請求番号2004-00637, 文書番号4.

81 Feb 14, 1959 Attachment A(Translation)(From Fujiyama/ Sakata to Shimazu) En. No. 13; Feb 14, 1959 Attachment B(Translation) (From Shimadzu to Fujiyama/Sakata)G-62/59, 日本外務省文書, 開示請求番号2004-00637, 文書番号8

82 「井上外事部長打合要領(三四, 二, 一九)」, 日本外務省文書, 開示請求番号2004-00637, 文書番号8.

83 「閣議了解案非公表参考資料(1959年2月5日)」, 日本外務省文書, 開示請求番号2004-00637, 文書番号4.

84 「在日朝鮮人北鮮人帰還問題処理に関する手順(1959年2月12日)」開示請求番号2004-00637, 文書番号4.

다. 북한 측과는 회의장소 조차 논의되지 않은 상태였다.

2. 한국의 제네바 외교와 일본의 협상전략

가. 북한의 '내각결정 16호'와 소련의 지원

일본의 각의양해 발표 3일 후, 북한은 내각결정 제16호를 발표하고 '재일동포 귀환영접위원회'를 구성했다. 위원장으로는 김일 내각 제1 부수상이 취임했고, 남일 외상, 리종옥 국가계획위원회 위원장, 김응기 노동상, 한전종 농업상, 리일경 교육문화상, 김회일 교통상, 리병남 보건상이 위원으로 선임되었다. 그 외 각 정당 대표 및 사회단체 대표들도 합류했다. 외견상 정부와 민간이 함께 참여하는 범 국가조직의 구성으로 대응한 것이다.[85] 내각결정 제16호의 시달과 동시에 소련정부에 실무에 관한 지원을 요청했다. 그 내용은 "첫째, 각의양해에 대해 소련 적십자회(이하 소적)가 지지성명을 발표해 줄 것. 둘째, 운송수단 및 스탭, 의료용품과 식료품 등 귀국에 필요한 물자를 지원해 줄 것" 등이었다.[86]

1959년 2월 27일 평양을 직접 방문해 북한과 공동투쟁 의사를 가장 먼저 표명한 것은 일본공산당수 미야모토 겐지(宮本顯治)였다. 그간 일본공산당의 행보로 볼 때 자연스럽지 않은 방북이었다. 반 기시투쟁에 주력하던 일본공산당의 전술은 1955년 남일성명 발표 이후 기시내각과 국교정상화를 추진하던 조선로동당의

---

85 "내각결정 16호. 일본으로부터 귀국하는 조선공민들을 영접할 데 관하여," 『로동신문』 1959년 2월 17일. 정당 대표로서는 강량욱 조선민주당중앙위원장이, 사회대표로서는 박신덕 천도교중앙위원장, 박기호 조적 위원장, 리효순 직업총동맹위원회 위원장, 박용국 조선민주청년중앙위원회 위원장, 김영수 조선민주여성동맹중앙위원회 부위원장 등이다.

86 조선민주주의인민공화국 주재 소련대사의 일지와 대담기록(1959년 2월 18일), AVPRF, f.0102, op.15, p.81, d7.

입장과 이견을 노정해 왔기 때문이다. 사실 미야모토는 약 한달 전 모스크바에서 열린 제21회 소련공산당 임시대회에서부터 이미 김일성과 자리를 함께하고 있었다. 대회에서는 '중립주의 유해론'을 일관되게 견지해왔던 일본공산당이 일본의 중립화 요구를 지지하는 입장으로 전술방침을 수정했었다(『前衛』 1959년 3월 21일). 이는 1958년 9월 후지야마-덜레스 회담에 의해 시작된 미일 간 안전보장조약 개정 교섭에 대한 국제공산주의 운동의 공동 대응이기도 했다. 뒤이은 미야모토의 방북은 그 연장에서 기획된 것이었다. 평양에서 미야모토는 김일성과 북일 간 "국교관계의 정상화를 목표로" 북송 실현을 위한 공동투쟁을 결의했다[87].

북송문제는 이처럼 국제공산주의 운동의 맥락 속에 위치지어지고 있었고, 소련의 지원 또한 보다 구체화되고 있었다. 내각결정 16호 발표 4일 후인 1959년 2월 20일 소적 대표 미테레브(G. Miterev)는 시마즈 일적 사장에게 앞으로 전문을 보내, 조적과 소련적십자회-소련적신월회 연합실무위원회(The Executive Committee of Alliance of the Red Cross and Red Crescent Societies of the USSR) 간의 협력이 진행되고 있음을 알렸다. 이 전문은 향후 북송문제를 둘러싼 소련의 지원이 실무 차원을 넘어 협상전략에 까지 미치고 있음을 시사하는 것이었다. 미테레브는 이 연합실무위원회의 명의로 일적에 대해 북송사업의 조기실현을 위한 제반 조치를 촉구하는 한편, 소적, 조적, 일적 간의 협조와 우호강화를 제안했다.[88] 소련의 적십자 단체를 등장시켜 ICRC의 개입을 견제하고, 이를 통해 북송사업을 북한과 일본 간의 문제로 국한시켜 양자회담으로 해결해 간다는 전략이었다.

---

87 "조선로동당 대표단과 일본 공산당 대표단간의 회담에 관한 공동 꼼뮤니께," 『로동신문』 1959년 2월 28일; "朝鮮訪問日本人民使節団と朝鮮対外文化連絡会を始めとする四関係代表との共同コミュニケ," 『前衛』 1959년 1일.

88 Letter from G. Miterev, Chairman of the Soviet Red Cross(to Shimazu), 20 February 1959. 日本外務省文書, 開示請求番号2004-00637, 文書番号10.

일본과의 회담과 관련한 실무는 내각결정 제16호에 근거해 박기호를 비롯한 조적 측에 위임되었다.[89] 조적의 정세판단과 대응전략에도 소련이 관여했다. 특히 평양주재 푸자노프 대사는 북송문제에 관련해 남일 외상은 물론 방학세 내무상 등 다수의 소련계 인물들과 수차례에 걸쳐 회담을 가졌고, 그들에게 본국으로부터의 정보를 제공하고 있었다.[90] 이 과정에서 ICRC를 제외한 북일 간 양자 협상전략에 대한 논의들이 이루어졌을 것으로 추정된다. 이 즈음부터 북한은 ICRC의 개입을 "귀국에 대한 염원을 외부로 부터 간섭"하는 "참을 수 없는 모욕행위"라고 주장하기 시작했다.[91] 조적 대표의 제네바 파견을 촉구하고 있던 이노우에에게는 북일 양적십자 간의 직접교섭의 조기실현을 역제안 했다.[92] 이것이 실현되기 전까지 대표단을 파견 하지 않겠다는 자세였다.

나. 한국의 제네바 외교와 미국의 중재

한국에서는 각의양해 발표 당일부터 '보복책'들이 속출했다. 일본정부에 대해 한일회담의 중단과 평화선 감시강화를 통보하는 것 외에도, 정부, 여당, 나아가 야당의 각 대표까지 참가하는 연석회의가 소집되어, 북송반대의 '총력전'이 결의되었다. 국방부에서도 해군과 육군이 북송선을 저지하기 위해 출동준비가 완료되었다는 보고가 뒤를 이었다. 양유택 주미대사는 대미대책을 위해 긴급히 귀국

---

89 "조선 적십자회 중앙위원회 위원장 일본적십자사 사장에게 전문," 『로동신문』 1959년 2월 17일.

90 조선민주주의인민공화국 주재 소련대사 A. M 푸자노프 일지(1959년 3월 28일), AVPRF, f.0102, op.15, p.81, d7.

91 "귀국하려는 재일 동포들에 대한 소위 선별을 견결히 배격한다," 『로동신문』 1959년 2월 21일.

92 別紙(7) Telegram from Pak Ki Ho to Shimazu, 6 March 1959; 朝鮮赤十字会中央委員長が日本赤十字社社長におくった電文(1959年3月6日)(原文, 仮訳), 日本外務省文書, 開示請求番号2004-00637, 文書番号4.

했고, 유태하 주일공사도 일시 소환되어 대책회의에 합류했다.[93] 다음 날인 1959년 2월 14일에는 파고다 호텔에서 전 국민적인 반 북송운동 추진의 합의가 이루어지는 한편, 15일에는 국회에서 만장일치로 '북송반대결의안'이 채택되었다. 1958년 12월말까지 국가보안법 문제로 양분되어 있던 정치권이 북송문제로 극적인 통합 분위기를 연출한 것이다.

2월 16일에는 서울대학교 강당에서 정당, 언론, 문화, 경제계 등에서 약 4백여 명의 대표가 참석한 가운데, 재일한인북송반대전국위원회(이하 전국위)가 발족했다. 전국위 결성대회에서는 ICRC 앞으로 "재일한인을 북한에 강제 송환시키려하는 일본정부의 비인도적 조치에 반대한다"는 내용의 메시지가 채택되었다. 전국위는 22일 서울운동장에서 대규모 북송 반대집회를 개최했고, 이를 시작으로 운동의 전국적인 확대를 도모했다. 전국위의 지도위원은 자유당의 이기붕, 민주당의 조병옥, 무소속의 장택상 등 정당과 파벌을 넘는 구성이었다(김동조, 1986, 151-152). 이러한 인적 구성은 일본에서 결성되었던 귀국협력회를 연상시킨다. 북송문제를 둘러싸고 한일 간에는 전 국민 수준의 운동과 정치권의 초당파적 대결이 시작되었다고도 할 수 있다.

미국은 한국 국내의 사태전개를 경계하고 있었다. 외형상 중립의 입장을 견지하지만 한국의 강경대응은 최대한 저지한다는 것이었다. 미 국무부는 다울링 대사에게 한국의 주요 정치지도자들에게 자제를 촉구하도록 설득하는 한편,[94] 한국 정부의 요구에는 직접적인 답변을 회피하도록 지시했다. 북송문제는 외부개

---

93 Chronology concerning mass expulsion of Korean residents in Japan to northern part of Korea, April 10~February 17. 1959, 한국외무부문서, 파일번호 C1-0011, 분류번호 723.1JA, 등록번호 771.

94 Telegram from Dillon to Dowling, 1959. 2.12, RG 84, Korea, Seoul Embassy, Classified General Records, 1959.

입 없이 한일 양국이 해결해야 할 문제라는 것이었다.[95] 하지만 미 국무부 내부에서는 "한국은 국가보안법 개정을 둘러싼 논쟁을 겪으면서도 왜 공산주의자들의 입국을 원하는지 이해할 수 없다"는 의견 또한 제출되고 있었다.[96] 그리고 한국전쟁 당시 휴전회담에서 미국이 포로들의 자발송환원칙을 지지했다는 점에서, 자발적 의사에 의한 북송은 원칙적으로 반대하지 않는다는 입장이 우세했다. 미국의 입장은 사실상 일본 쪽으로 경사해 있었던 것이다.

각의양해가 있던 당일 새벽에는 한국의 김유택 주불공사가 제네바로 향했다. 김유택 공사는 이노우에가 제네바에 도착하기 전에 이미 ICRC와의 접촉을 끝낸 상태였다.[97] 한국의 외교적 대응은 여기에 머물지 않았다. 곧이어 한적의 이범석 청소년부장과 최규하 주일 참사관이 제네바로 출국했고, 전국위의 장택상, 유진우 등도 속속 합류했다. 그들은 ICRC측에 다방면으로 영향력을 행사하고자 했다. 이를 저지하고자 일본 측은 한국정부를 직접 설득하고자 했다.[98] 후지야마 외상은 3월 4일 조정환 외무부장에게 극비의 서간을 보내, 일본정부의 결정은 북한에 대한 "비국교정상화, 비원조"라는 정책방침을 바꾼 것이 아니라는 점을 강조하며 한국 측의 이해를 구했다. 하지만 한국의 제네바에서의 외교활동은 수그러들지 않고 적극적으로 전개되었다.

---

95 Telegram form Herter to Dowling, 1959. 2.19, RG 84, Korea, Seoul Embassy, Classified General Records, 1959.

96 Memorandum of Conversation: Korean-Japan Relations, 1959. 1.14, RG 84, Korea, Seoul Embassy, Classified General Records, 1956-1963.

97 Interim Report on the Ministry's Action to Contact ICRC Officials from Vice Foreign Minister to His Excellency the President February 17 1959, 한국외무부문서, 파일번호 C1-0010, 분류번호 723.1JA, 등록번호 768.

98 閣議了解後, 韓国側の反発に対する外務省側の反駁論理は, 「北鮮帰還問題に関する韓国側主張に対する反駁(試案)」, 日本外務省文書, 開示請求番号2004-00637, 文書番号7.

이에 대해 일본도 각계의 민간 대표를 제네바에 추가적으로 파견하는 것으로 대응했다. 파견된 대표들 중에는 부산에 억류중인 일본인 어부 가족대표도 포함되어 있었다(김동조, 1986, 158). ICRC의 입장에서 보면 각의양해 이후 한일 양국 정부와 민간으로부터도 동시에 압력을 받게 된 처지가 된 것이다. 이로 인해 북송사업에 대한 ICRC의 입장은 점차 소극적인 것이 되어갔다. 당시 갈로핀이 제3국인 뉴질랜드 적십자사 앞으로 보낸 서간을 보면 ICRC측의 내부 인식이 엿보인다. 이 서간에서 갈로핀은 일적의 협조요청에 대해 "ICRC는 아직 고려 중에 있다"며, "인도주의에 관련된 문제가 아니라면 어떠한 상황 하에서도 ICRC가 간섭하는 일은 없을 것"이라는 입장을 밝혔다.[99] 한국의 제네바 외교를 계기로 ICRC가 북송을 정치적 문제로 간주하고 개입을 주저하기 시작한 것이다.

미 국무부가 주한 미 대사관에게 한일관계 개선을 모색하도록 지시한 것은 이즈음 이었다.[100] 3월 14일 다울링 대사는 김동조 외무차관에게 ICRC가 일본의 요청을 거부할 가능성이 매우 높다면서 "지금이야 말로 한일 양국의 분쟁을 해결할 수 있는 타이밍이다"라고 말했다. 4월의 지방선거, 6월의 중의원 선거를 앞둔 기시내각에게 북송의 좌절은 정치적 위기로 이어질 수 있었다. 기시내각과 안보조약 개정 협상을 추진하던 아이젠하워(Dwight D. Eisenhower) 행정부의 입장에서도 부담되는 정세가 될 수 있었다. 다울링이 제시한 복안은 북송실패의 책임을 ICRC의 개입을 반대하고 있던 북한에게 전가하는 것이었다. 그리고 ICRC가 일본의 요청을 거부할 경우 즉각 한국정부가 재일한인의 법적지위에 관한 위원회

---

99 Telegram from R. Gallopin, Executive Director of ICRC to M. S. Galloway, Secretary General, New Zealand Red Cross Society, 10 March 1959, ICRC Archives, file no. B AG 232 105–020.

100 Telegram form Herter to Dowling, 1959. 3. 9, RG 84, Korea, Seoul Embassy, Classified General Records, 1959.

를 재개한다는 "관대한 성명을 발표"하는 것이었다. 한국정부가 이 제안을 거부할 경우 일본이 이 문제를 UN에 제소할 수도 있다는 경고도 덧붙이고 있었다.[101]

미국의 중재안에 내한 한국정부의 대응은 ICRC가 관여하지 않겠다는 입장을 분명하게 표명하기까지 북송의 부당성을 "세계여론에 어필한다"는 것이었다.[102] 일본과의 회담재개보다 제네바 외교를 통해 북송사업의 완전한 파국이라는 외교상의 승리를 우선하겠다는 전략을 고수한 것이다. 한국의 전략은 성공하는 듯 보였다. 3월 23일 보아쉐 위원장이 김용식 주불공사를 통해 한국 측에 북송문제에 대해 "ICRC는 정치적·법적 견해를 표명하지 않겠다"는 내용의 각서를 전달한 것이다. 한국의 제네바 대표단은 이 각서를 사실상 북송사업에 대한 ICRC의 개입 거부의사로 간주했고, 제네바 주재 미영사관도 같은 견해를 보였었다(김동조, 1986, 161-162). 한국의 대표단은 승리를 확신했고, 제네바로 철수를 준비하기 시작했다.

다. 일본의 협상전략 수정과 북한의 대응

하지만 한국의 제네바 대표단의 낙관은 성급한 것이었다. 북송문제에 "정치적·법적 견해를 표명하지 않겠다"는 ICRC의 각서가 한국 측에 전달되기 직전인 3월 20일, 시마즈 사장은 조적의 박기호 위원장 앞으로 전문을 보냈었다. 전문은 북일 양 적십자 간에 "허심한(heart to heart) 대화가 가능하며, 이야말로 문제해결

---

101 Report on Conversation with Ambassador Dowling and Recommendation on the Future Course of Negotiation with Japan from Vice Minister of Foreign Affairs to His Excellency the President, 16 March 1959, 한국외무부문서, 파일번호 B-0001, 분류번호 704.1, 등록번호 8.

102 Report on Conversation with Ambassador Dowling and Recommendation on the Future Course of Negotiation with Japan from Vice Minister of Foreign Affairs to His Excellency the President, 16 March 1959, 한국외무부문서, 파일번호 B-0001, 분류번호 704.1, 등록번호 8.

로 이어질 것이다"는 내용이었다.[103] 북한과의 직접회담의사를 분명히 한 것이다. 여기서는 ICRC의 참석여부도 거론되지 않았다. ICRC를 포함한 3자회담의 고수라는 일본 측의 협상방식의 최종 양보 선도 사실상 철회한 것이었다. 이에 대해 박기호는 3월 30일 자 전문에서 일본 측이 "양 적십자 사이의 직접교섭의 필요성을 인정한 것에 만족"을 표하고, 일적 측의 대표들과 "쌍방회담에 참가할 우리 대표단을 제네바에 파견하게 되어 영광으로 생각한다"고 회답했다.[104]

박기호의 회답을 받은 후 일본 측은 가사히 요시스케(葛西嘉資) 일적 부사장을 대표단 단장으로 선임해 제네바에 추가 파견하고, 다카기 부사부로(高木武三郎) 일적 사회부장도 대표단에 합류시켜 북한과 본격적인 회담준비에 임했다(日本赤十字社, 1986, 192). 카사이와 이노우에는 각각 후생성과 외무성의 OB로 정부와의 긴밀한 연계를 의도한 인사였다. 가사이-이노우에를 중심으로 한 대표단의 구성은 지난 1956년 평양협상 당시와 동일한 것이기도 했다. 북한과의 협상경험을 살리겠다는 것이었다. 일본이 이처럼 북한과의 직접회담을 결행한 것은 한국의 공세에 대한 적극적 반격의 의미를 가진다. 일본은 ICRC를 제외한 회담 방식, 즉 북일 간의 양자회담 방식을 선택함으로써 한국의 제네바 외교를 무력화시키고자 한 것이다.

하지만 맥아더 주일대사는 "적십자사 간의 회담이라도 일본이 북한과 직접 협상하는 것에는 반대한다"는 입장을 분명히 했다.[105] 일본정부의 북송사업에 대

---

103 別紙11) Telegram from Shimazu to Pak Ki Ho, 20 March 1959, 日本外務省文書, 開示請求番号2004-00637, 文書番号4.

104 別紙9)Telegram from Pak Ki Ho to Shimazu, 30 March 1959, 日本外務省文書, 開示請求番号2004-00637, 文書番号4.

105 Telegram form MacArthur to Dowling, 1959. 3.17, RG 84, Korea, Seoul Embassy, Classified General Records, 1959.

한 각의양해 직후부터 맥아더 대사는 북한과의 양자회담을 경계하지 않으면 한일관계가 더욱 악화될 것이라고 일본 외무성 측에 경고한 바 있었다.[106] 이는 물론 본국의 입장을 반영한 것이다. 미 국무성은 북한의 ICRC를 배제한 양자협상 시도를 한일관계의 맥락에서만이 아니라 공산주의 진영 전체의 전술로 파악하고 일적의 협상전략의 변화에 깊은 우려를 보이고 있었다. 당시는 북송문제와 더불어 베트남과 태국 간의 난민 송환문제가 진행되고 있었고, 베트남 또한 ICRC를 제외한 적십자 간 양자회담을 요구하고 있었다. 미 국무성은 일본의 상황이 태국과 유사하다고 판단한 것이다.[107]

일본의 협상전략 수정으로 양자회담이 실현되었기 때문에 북한으로서는 당초의 의도가 관철된 셈이었다. 평양주재 푸자노프 대사의 일지에 의하면, 양자회담을 수락한 3월 30일 자 박기호의 전문은 조선로동당 중앙상임위원회의 승인을 거쳐 나온 것이었다. 31일에는 김일성이 제네바에 파견될 대표단과 장시간에 걸친 회담을 가졌다는 사실도 확인된다.[108] 대표단의 단장에는 조적 부위원장인 리일경이 선임되었다. 리일경은 교육문화상도 겸임하고 있었다. 단원으로서는 김중린 조적 상임위원회 위원, 허석선 외무성 제2부 주임 겸 조적 조직계획부장이 임명되었고, 김동익 당중앙위원회 국제부 주임 등도 일행에 참여했다. 조적의 이름 아래, 당·정이 일체화된 대표단 구성이라고 할 수 있다.[109]

106 Telegram form MacArthur to Dowling, 1959. 2.19, RG 84, Korea, Seoul Embassy, Classified General Records, 1959.

107 Telegram form Dulles to Bankok, Saigon, Tokyo, Seoul, 1959. 3.18, RG 84, Korea, Seoul Embassy, Classified General Records, 1959; Telegram form Johnson to Dowling, 1959. 3.23, RG 84, Korea, Seoul Embassy, Classified General Records, 1959.

108 조선민주주의인민공화국 주재 소련대사 A. M 푸자노프 일지(1959년 3월 28일), AVPRF, f.0102, op.15, p.81, d7.

109 "재일본 조선 공민들의 귀국문제와 관련한 조일 량국십자 간의 쌍방회담에 참가할 우리나라

북한 대표단은 제네바에 도착하기에 앞서 소련을 경유하고 있었다. 대표단의 출국에 맞추어 남일 외상은 푸자노프 대사에게 "첫째, 북한 대표단이 자문을 받을 수 있도록 모스크바에서 외무차관과 미테레브 소적·소련 적신월회 대표와의 회합을 알선해 줄 것. 둘째, 베른 주재 소련대사로부터 지도를 받도록 해 줄 것. 셋째, 베른 주재 소련 대사를 통해, 북한 대표단과 평양간의 연락이 가능하도록 해 줄 것" 등을 요청했다.[110] 모스크바에서 이와 관련한 실무준비는 소련외무성 극동과와 리신팔 대사가 담당했다.[111] 북일 양자회담이 확정됨과 동시에 소련과의 협력관계가 한층 밀접해지고 있음을 보여준다. 북한 대표단이 제네바에 도착한 것은 4월 8일이었다.[112] 바로 이날 한국 전국위 대표단의 최종일행이 제네바를 떠나고 있었다. 한국으로서는 예기치 못했던 정세변화였던 것이다.

3. 북일 양자협상과 한국의 대응전략

가. 북일 제네바협상: ICRC의 개입 논쟁

제네바에서 북일 양국 대표단은 총 3회에 걸친 예비회담을 가진 후, 1959년 4월 13일 ICRC 본사에 있는 회의실에서 공식적으로 제1차 회담을 가졌다.[113] 회담

대표단을 구성," 『로동신문』 1959년 4월 2일.

110 조선민주주의인민공화국 주재 소련대사 A. M 푸자노프 일지(1959년 3월 28일), AVPRF, f.0102, op.15, p.81, d7.

111 "조일량국적십자 단체간의 쌍방회담에 참가할 조선적십자회 대표단 제네바로 출발," 『로동신문』 1959년 4월 4일; "조일량국적십자 단체간의 쌍방회담에 참가하는 조선민주주의인민공화국 적십자회 대표단 단장의 성명," 『로동신문』 1959년 4월 4일.

112 「北鮮帰還クロノロジー」, 日本外務省文書, 開示請求番号2004-00635, 文書番号18.

113 "조일량국적십자 단체 간에 쌍방회담의 절차와 의정 및 장소문제에 대하여 합의도달," 『로동신문』 1959년 4월 13일.

의 양상은 첫날부터 난항을 예상케 했다. 일본 측은 "1. ICRC가 승인한 일적의 관련기관을 통해 귀국신청사업을 진행한다. 2. 신청 후에 발생하는 고충처리는 ICRC에 의뢰한다. 3. 최후의 의사확인을 위해 출항 시 ICRC의 입회를 거친다"는 북송사업 시행의 3가지 원칙을 제시했다(本田, 1959, 25). 의제설정이 ICRC의 개입 문제로 집중되어 있었던 것이다. ICRC의 개입 폭에 의해 북송사업의 실무적 절차는 물론 그 성격까지 변하기 때문이다. 일본 대표단에게 협상의 성패는 북한 측으로부터 ICRC의 개입과 관련해 어느 정도 양보를 이끌어내느냐에 달려 있었다. 각의양해의 기본방침, 그 중에서도 한일회담과 분리된 북송사업의 추진을 위해서도 이 전술은 일본 대표단에게 필수였다.

북한 대표단은 제네바 도착과 동시에 성명을 발표하고, 일본 대표단을 대상으로 "귀국에 관한 실무적 문제만을 조속히 해결"한다는 입장을 밝힌 상태였다.[114] 제1차 회담에서는 이 실무적 문제와 관련해 "1. 인도(引導)는 조일 양국 적십자단체가 출국 항에서 진행한다. 2. 귀국할 조선공민이 소지하는 동산 및 휴대품에 일체의 제한을 가하지 않는다. 3. 귀국자의 운송은 우리 측(북한)이 제공하는 선박을 이용한다"는 등의 세부사항을 제시했다. ICRC가 개입할 여지가 전혀 없는 제안이었다. 이에 더해 조총련이 제출하는 개별적인 북송신청에 기초한 출국 절차와 북한 대표단의 합법적인 일본입국 허용도 요구했다.[115] 북송사업을 통해 북일관계를 인민외교에서 국가 간 공식관계로 끌어올리겠다는 계산이었다.

협상은 전반적으로 일본 측이 불리하게 전개되었다. ICRC가 여전히 개입 의사를 분명히 하지 않고 있었기 때문이다. 일본 대표단은 일단 북한 측과 합의를

---

114 "조일량국적십자 단체간의 쌍방회담에 참가하는 조선민주주의 인민공화국 적십자회 대표단 단장의 성명," 『로동신문』 1959년 4월 10일.
115 "조일 량국적십자 대표간의 쌍방회담 제1차회의 진행," 『로동신문』 1959년 4월 15일.

이끌어내고 사후적으로 ICRC를 설득한다는 계획이었지만, 기본적으로 미결의 과제를 안은 채 협상을 시작한 것이다. 이와 관련해 제1차 회담 후 열린 외신 기자회견에서 이노우에는 오프 더 레코드를 전제로 과거 ICRC로부터 개입의사를 명기한 문서를 받은 바 있다고 발언한 바 있었다(本田, 1959, 25). 이노우에의 이 발언이 사실이라고 해도, 제네바에서 북일 간의 회담이 시작된 시점에서는 효과성을 상실한 비공식적 또는 개인적인 구두약속일 가능성이 높다.[116] 더욱이 이노우에의 발언은 ICRC의 동의는 물론 기자회견에 동석했었던 카사이 단장과도 사전 논의를 거치지 않은 것이었다. 회담 초반 일본 대표단은 이처럼 협상전략과 내부 진용에 혼선을 동반하면서 협상에 임하고 있었다.

북한은 회담 전부터 일본 측이 ICRC 개입문제를 전면에 내세울 것이라고 예측하고 있었다. 일본 측이 북한으로부터의 직접교섭 제안을 수락하기 전인 3월 13일, 평양에서는 소련, 중국, 체코, 폴란드, 루마니아 대사 앞에서 귀국문제와 관련한 현황보고가 이루어지고 있었다. 이 자리에서 남일 외상은 "당분간 제3자의 개입 없이 교섭을 추진하겠지만 (중략) 정세의 추이에 따라서는 ICRC의 대표성을 일부 인정할 필요성이 있다"고 보고했다. 협상과정에서 북한 측이 인정할 수 있는 ICRC의 대표성 또는 역할의 일부가 구체적으로 무엇을 의미하는지는 언급하지 않았다. 다만 바로 그 다음날 남일은 김일성의 지도방침을 인용하면서 푸자노프 대사에게 ICRC가 "귀국의사를 심사하는 것에 대해서는 단호히 반대한다"라

---

116 당시는 ICRC가 한국, 일본, 북한 등 당사자 국들과 의견을 종합해 기본입장을 정리하던 시점이었다. ICRC의 기본입장은 3 번에 걸쳐 갱신되어 1959년 2월 26일 자 각서로 정리되었다 (Memorandum of ICRC, 26 February 1957(from Boissier to Shimazu), 「Documents on Repatriation of Korean in Japan」同上文献. または, ICRC Memorandum, 26 February 1957; reprinted as Annex 1 of Aide-Memoire by J-P Maunoir "Rapatriement des Coréens du Japon en Corée du Nord," ICRC Archives, file no. B AG 232 105-007).

는 입장을 분명히 했다.[117] 북송의 동원력을 최대화 하겠다는 것으로, 이는 ICRC의 개입여부와 관련해 북한 측이 제시한 새로운 협상의 조건이었다.

이 조선 하에 북한이 설정한 협상선략은 일본 측의 내응추이에 따라 ICRC의 개입을 단계적으로 인정하는 것이었다. 4월 24일의 제6차 회담에서 리일경 단장은 ICRC의 개입 문제를 처음으로 거론하면서 "북송사업이 인도주의의 원칙 위에 공정하게 진행되고 있는지를 관찰"하는 것으로 그 역할을 제한시키는 안을 제시했다.[118] 일본 대표단은 이 제안을 북한 측이 사실상 ICRC의 개입에 동의한 것으로 간주하고, 27일에 있은 제7차 회담 후 양국 간에 원칙적인 문제에 대한 동의가 있었다고 보고했다(『朝日新聞』 1959년 4월 28일). 하지만 실제의 합의내용은 "일적의 실무기구 운영에 대한 ICRC의 승인을 인정한다"는 수준에 머물러 있었다. 일본 측이 회담 첫날부터 주장해 온 3개의 원칙, 즉 ICRC에 의한 승인, 고충처리, 입회 중에서 '승인'만이 일부 합의된 것이다.

나. 북일 제네바협상: 협정 초안의 타결

일본 대표단은 ICRC의 개입 폭을 확장시키기 위해 협상의 논점을 북송희망자의 '고충처리' 문제로 집중해 갔다. 제3자의 판단에 의해서 공정하게 처리되어야 하며, 이를 위해서는 ICRC에 대한 협조의뢰가 필수적이라는 논리가 성립하기 때문이었다. 같은 논리에서 일본 측은 조총련이 제출한 귀국희망자 명부에 대해서도 공정성을 제고해야만 한다고 주장했다. 이에 대해 북한 대표단은 강하게

---

117 조선민주주의인민공화국 주재 소련대사 A. M 푸자노프 일지(1959년 3월 13일), AVPRF, f.0102, op.15, p.81, d7.

118 "조일 량국적십자 대표간의 쌍방회담 제5차 회의," 『로동신문』 1959년 4월 24일; 別紙13) 「4月24日北鮮側提案, 日本外務省文書」, 開示請求番号2004-00637, 文書番号4.

반대했다. 특히 저항감을 보인 것은 5월 6일의 제11차 회담에서 일본 측이 제시한 협정의 시안이었다. 이 시안에는 고충을 신고하는 주체가 "일본에 주소를 가진 개인 또는 단체"로 기재되어 있었다. 민단도 신고의 주체에 포함될 수 있다는 해석이 가능한 문구였다.[119] 리일경 단장은 이 시안에 대해 "리승만 도당에 귀국사업 파탄의 합법적 길을 열어주려는 의도"라며 강하게 비난했다.[120]

　북한 측의 비난과 저항에 대해 일본 대표단은 회담의 연기로 대응했다. 하지만 이는 전술적 대응만은 아니었다. 당시 대표단의 일원이었던 다카기 일적 사회부장은 "본국으로부터 어떠한 지시도 내려지지 않은 채 시간만 흘러갔으며, 이노우에 씨의 문제도 겹쳐 있었다"고 회상했다(高木武三郞, 1970, 93-95). 본국으로부터의 훈령 등 연락업무를 담당하던 후생성 관료 오자와 다츠오(小沢辰男)의 증언에 의하면 정부 내 주무를 담당하고 있던 사카타 미치타(坂田道太)후생상은 협상 속행에 적극적이었지만, 외무성의 경우 야마다 히사나리(山田久就) 차관이 마지막까지 반대했고 이 반대의견에 자민당 내 후나다를 비롯한 친한파 그룹이 동조하고 있었다(『新潟日報』 2001년 5월 9일). 본국으로부터의 일관된 협상 지침이 부재한 환경에서 가사이 단장이 대표단의 협상을 주도하기는 어려웠다. 이러한 상황에서 북송을 주도해 왔던 이노우에 개인의 존재감이 부각되고 있었던 것이다. 북한 측의 비난성명에도 "이노우에의 단독무대"라는 표현이 포함되어 있을 정도였다.[121]

　일본 측의 태세가 혼란을 거듭하면서 협상은 장기화되어 갔다. 5월 11일에 열

---

119 「北鮮帰還クロノロジー」, 日本外務省文書, 開示請求番号2004-00635, 文書番号18.

120 "조일 량국적십자 대표간의 쌍방회담 제7차회의에서 한 리일경 단장의 발언요지," 『로동신문』 1959년 4월 30일.

121 "일본 측은 회담에 대한 태도로 부터 성실해야 한다," 『로동신문』 1959년 5월 13일.

린 일본 외무성·후생성 연석회의에서는 대표단의 소환이 검토되기도 했다(김동
조, 1986, 169). 북한에서도 일본 측이 계속 회담을 연기시킬 경우 대표단의 일부를
귀국시킬 예정이었다.[122] 하지만 양국 정부 어느 쪽도 회담의 결렬에 대해서는 신
중했었다. 특히 일본은 6월에 중의원 선거를 앞두고 있었다. 이 선거는 기시내각
의 최대 외교과제였던 미일안전보장조약 개정을 추진하기 위해 대단히 중요한
정치일정이었다. 따라서 그 직전의 제네바 회담의 결렬은 일본 측의 선택지가 되
기 어려웠다. 북한의 정세인식은 기시내각이 이 "선거를 의식해서 교섭을 최대한
연장시킬 수 있다"는 것이었다.[123] 이 때문에 협상을 중단시키는 것은 "좋은 해결
책이 아니다"라고 판단하고 있었다.[124]

　　일본 국내에서는 귀국운동이 귀국협력회를 중심으로 초당파적 지지를 획득
하고 있었고, 전국적으로 확산되던 안보투쟁과 일체화된 형태로 전개되어 더욱
영향력을 확대하고 있던 상황이었다. 북한에게는 기시내각을 압박하고 협상의
우위를 유지할 수 있던 조건이 지속되고 있었지만, 일본으로서는 제네바 협상의
결렬 위기를 시급히 타결해야만 했다. 이에 따라 5월 19일 기시 수상은 시마즈 일
적 사장과 회담을 갖고, 협정 시안에서 ICRC에 의한 고충처리와 귀환업무 관리
조항의 삭제를 결정했다.[125] 일본 대표단은 뒤늦게 내려진 본국의 훈령에 기초해
'총괄적 협정 안'을 작성했다. 여기에는 ICRC로부터 "지도와 조언을 받는다"라

122　조선민주주의인민공화국 주재 소련대사 S. P. 스즈다레프 일지(1959년 5월 16일), AVPRF, f.0102,
　　　op.15, p.81, d7.
123　조선민주주의인민공화국 주재 소련대사 S. P. 스즈다레프 일지(1959년 3월 13일, 15일, 5월 1일),
　　　AVPRF, f.0102, op.15, p.81, d7.
124　조선민주주의인민공화국 주재 소련대사 S. P. 스즈다레프 일지(1959년 7월 17일), AVPRF, f.0102,
　　　op.15, p.81, d7.
125　「北鮮帰還クロノロジー」, 日本外務省文書, 開示請求番号2004-00635, 文書番号18.

는 문구가 포함되어 있었지만, 고충처리 등 구체적인 사항에 대한 권한은 명기되지 않았다. ICRC의 관여 정도가 추상적인 용어로 처리된 것이다.[126] 협상의 결렬을 회피하기 위한 고육책이었다.

북한은 협상 재개 후 열린 양측 단장회의에서 총괄적 협정 안에 명시된 ICRC에 의한 '지도'라는 표현마저 삭제할 것을 요구했다.[127] 일본 국내에서의 유리한 정세를 활용해 최대한의 양보를 끌어내고자 한 전략이었다. 이와 관련해 일본에서는 5월 27일과 31일에 재차 대책회의가 열렸다. 이 자리에는 시마즈 일적 사장과 기시 수상 외에, 사카타 후생상, 아카기 무네노리(赤城宗德) 관방장관, 마츠모토 슌이치(松本俊一) 부관방장관, 야마다 외무차관 등 미국 방문 중이던 후지야마 외상을 제외한 정부 수뇌들이 거의 참석했다. 논의의 결과는 '지도'라는 표현은 삭제하고 '조언'으로 대체 한다는 것이었다(日本赤十字社, 1986, 196). 일단 협상 타결을 중시한 선택이었다. 북한의 협상전략이 연이어 적중하고 있었던 것이다.

본국의 최종결정을 받은 후 일본 대표단은 6월 1일 제15차 회담에서 협정안의 수정안을 제시했고,[128] 10일의 제17차 회담에서 북한 대표단이 이를 수용함에 따라 협상은 타결 단계에 이르게 되었다.[129] 양측이 합의한 ICRC의 관여방식은 '옵서버' 형식이었다. 일본 측은 북송과정에서 ICRC의 역할을 보장 받았지만, 관여의 정도는 여전히 추상적으로 표현되어 논쟁의 여지를 남겼다. 북한 측은 ICRC의 관여를 상징으로 인정하는 의미에서 양보했고, 조총련이 작성한 신청자 명

---

126 別紙14) 「日本側提案(試案)」 日本外務省文書, 開示請求番号2004-00637, 文書番号4.

127 "조일 량국적십자 대표단 단장 회의에서," 『로동신문』 1959년 5월 28일.

128 "조일 량국적십자 대표단간의 쌍방회담 제15차 회의," 『로동신문』 1959년 6월 3일.

129 6월 10일 제출된 일본 측의 수정안은 別紙16) 「日本側提案(六月十日第十七回会談に おいて 提出せるもの)」, 別紙17) 「北鮮側新提案(六月十日第十七回会談において提出)」, 日本外務省文書, 開示請求番号2004-00637, 文書番号4.

부의 사용도 철회했다. 북송사업의 실무과정에서 ICRC의 역할을 제한하는 대신, 북한 대표단의 일본상주 요구 또한 차후의 과제로 미루었다. 양측 대표단은 15일부터 협정 및 공동성명 작성을 위한 기초위원회를 가동시켰고,[130] 24일의 제18차 회의에서 협정 초안에 대한 양자 간의 일치된 의견을 다시 확인했다.[131] 남은 것은 협정 초안을 정식 협정으로서 조인하는 절차였다.

제네바에서 북송 협정 초안에 합의가 이루어진 6월 10일은 도쿄에서 조총련 제5회 전체대회가 개막된 날이었다. 대회장에 제네바 회담 타결 소식이 전해지자 환성의 분위기가 되었던 것으로 전해진다(『朝鮮総連』 1959년 6월 15일). 전체대회에서는 집단적 귀국 이후 동원된 귀국운동 집회가 1만 2,000여회로 누계 50만 이상의 참가가 있었다고 보고되었다. 그 동안 조총련은 1,600의 분회와 450 지부, 그리고 4,500여명의 간부가 활동하는 거대 전국조직으로 거듭나고 있었다.[132] 대회 결정서에는 "조일국교정상화와 경제문화교류운동을 더욱 촉진"할 것이 재확인되는 한편, "일본국민과 함께 (중략) 일미안전보장개정에 반대하는 투쟁"을 적극적으로 조직할 것이 추가되었다.[133] 마침 안보개정저지 제3차 전국통일행동이 한국전쟁 기념일에 해당하는 6월 25일에 맞추어져 기획되고 있었다(『朝鮮総連』 1959년 6월 29일). 조총련의 귀국운동과 일본인들의 귀국협력운동이 안보투쟁 일정과 일체화되면서 전국적인 위력을 발휘하기 시작한 것이다(『日本と朝鮮』 1959월 7월 15일).

---

130 "조일 량국적십자 대표단간의 쌍방회담에서 협정 초안 완성," 『로동신문』 1959년 6월 20일. 초안의 전문은 「日本赤十字社と朝鮮民主主義人民共和国赤十字との間における在日朝鮮人の帰還に関する協定」, 日本外務省文書, 開示請求番号2004-00637, 文書番号17.

131 "조일 량국적십자 대표단간의 쌍방회담에서 모든 협정 문건들의 기초 완료," 『로동신문』 1959년 6월 26일.

132 在日本朝鮮人総連合会中央委員会. 1959. "중앙위원회의 총괄보고와 금후의 방침," 『제五차 전체대회 결정서』, 94-95.

133 在日本朝鮮人総連合会中央委員会, 1959, "대회 결정서," 『제五차 전체대회 결정서』 130, 119.

다. 북일 제네바협상: 한국의 반격 개시

북일 간 협정 초안의 타결 직후인 1959년 6월 15일 한국정부는 대일무역의 전면봉쇄라는 강경책을 구사했다. 제네바 외교가 사실상 실효성을 상실했다고 판단했기 때문이다. 일본 국내에서 반대운동에 '총력전'을 전개하고 있던 민단은 다음날인 16일 한국정부와 자유당에 대한 불신임 성명을 발표했다(姜徹, 2002, 362). 제네바 회담타결의 여파가 한국정부의 재일한인 사회에 대한 영향력 저하를 초래하고 있었던 것이다. 이에 대한 위기의식은 한국의 야당을 비롯한 제 정치세력을 급속하게 재집결시켰다(김동조, 1986, 171-172). 17일에 열린 제32회 국회 제45차 본회의에서는 '재일동포의 북송에 관한 반대결의'와 더불어 '재일동포 보호지도비'라는 명목으로 12억 원의 긴급지급이 결정되었다.[134] 뒤이어 18일 서울운동장에서는 약 10만 명 규모의 북송저지국민총궐기대회가 개최되었다.

이즈음 미국 적십자사(American Red Cross, 이하 ARC)의 그루엔더(A. M. Gruenther) 사장이 국무성이 제공한 특별기편으로 한국을 향했다. 그루엔더는 아이젠하워 대통령과 친교를 갖고 있던 전 NATO사령관 출신으로, 출발 전에 국무성 고관들과 수차례에 걸쳐 회담을 가졌었다(『東京新聞』 1959년 6월 23일). 사실상 특사로서의 방한이었던 것이다. 그루엔더의 방한 목적은 북일 간 합의가 ICRC의 철저한 감독 역할의 보장되는 것이어야 한다는 미 국무부의 입장을 전달하는 것이었다.[135] 즉 북송사업이 사실상 현실화 단계에 있다고 판단하고 있었던 것이다. 6월 24일

---

134 별첨〉 재일교포 북송반대에 관한 결의의 건, 1959年6月18日; 별첨〉 민의원 의장 이기붕으로부터 대통령 이승만에게로의 건의서; 民議第87号: 재일교포북송반대에 관한 결의의 건」; 별첨〉「재외국민 보호지도를 위한 건의」 한국외무부문서, 파일번호 P-0001, 분류번호 791.31, 등록번호 448.

135 Telegram from Dillon to Dowling, 1959. 6.18, RG 84, Korea, Seoul Embassy, Classified General Records, 1959.

에 한국에 도착한 그루엔더는 국무부의 입장을 전하면서 이승만과의 회담에서 한국정부가 거주지 선택의 자유를 인정해야만 한다고 설득했다. 이에 대한 이승만 대통령의 입장은 변함없이 재일한인의 강제추방에 불과하다는 것이었다(김동조, 1984, 174-175).

한국정부는 6월 17일 김활란 한적 부총재와 최규하 주일 참사관을 제네바에 급파했었다.[136] 북송 저지가 가능한 새로운 정세가 조성되었다고 판단했기 때문이다. 북일 간에 북송 협정 초안에 대한 의견의 일치가 있은 후, 일본 대표단은 일본정부로부터 ICRC의 승인 없이 협정의 조인은 불가능하다는 훈령을 받은 상태였다. 따라서 협정 초안에 대한 ICRC의 승인문제가 새로운 쟁점으로 등장하고 있었던 것이다. ICRC는 7월 2일에 개최예정인 정례회의에 앞서 일적 측이 제출했던 불어판 협정 초안의 승인문제를 둘러싼 의견조정을 하고 있었다.[137] 제네바에 파견된 최규하는 6월 20일 자 보고에서 ICRC가 "적어도 일적의 제안(협정 초안)을 심사하는 데만 상당한 시간이 소요될 것이다"라고 전망했다.[138] 문제의 열쇠를 쥐고 있던 ICRC가 내부논쟁에 빠져 있었던 것이다.

일본 대표단은 ICRC 정례회의 개최 이전에 협정 초안을 승인받는다는 계획이었다. 하지만 25일에 열린 ICRC 상임위원회에서는 북송문제로부터 완전한 철수를 주장하는 의견이 제출되고 있었고,[139] 정례회의 또한 7월 6일로 연기되었

136 외무부 정무국. "제4차 한일회담에 대한 설명자료(1959년 8월 11일)." 한국외무부문서, 파일번호 C1-0004, 분류번호 723.1JA, 등록번호 706.

137 Report on the Development of the Deportation Issue in Geneva, 16 July 1959) 한국외무부문서, 파일번호 C1-0004, 분류번호 723.1JA, 등록번호 706.

138 Telegram from choi to Syngman Rhee, 20 June 1959, 한국외무부문서, 파일번호 C1-0004, 분류번호 723.1JA, 등록번호 706.

139 Minutes of Presidential Council meeting, 25 June 1959. ICRC Archives, file no. B AG 232 105-009.01.

다.[140] 정례회의에서 ICRC가 내린 결론은 협정승인 여부에 대해 추가적으로 '연구·조사'한다는 선에 머물러 있었다.[141] 결국 예정되었던 북일 간의 협정조인 절차는 백지화되었고, 이에 항의해 북한 대표단은 연락위원 2명만을 잔류시킨 채 귀국해 버렸다.[142] 일본 대표단도 8일과 9일에 이노우에를 포함한 2명만 남겨둔 채 제네바에서 철수했지만, 북한 측과는 달리 협정 초안은 이미 가조인 상태라는 해석을 하고 있었다. 이에 대해서도 북한은 "사실을 왜곡하고 여론을 속이는 행위"라며 강하게 반박했다.[143] 일본 측으로서는 최악의 상황이었고, 한국으로서는 다시 도래한 반격의 기회였다.

4. 북송협정 초안과 한일 귀국협정 구상

가. 김용식 구상과 새로운 정부훈령

북일 양 대표단이 제네바에서 철수할 당시, ICRC는 한국 측의 반응을 살피고 의견을 청취하고 있었다. 1959년 7월 8일과 9일, 보아쉐 위원장은 김용식 주불대사와의 회담에서 일적이 보내 온 협정 안에는 ICRC의 역할이 "너무나 애매하게 처리되어 있다"라며 ICRC가 승인을 미룬 내막을 설명했다. 이 애매함으로 인해 협정 초안은 정치적 타결이라는 인상을 주었고, 이 때문에 ICRC가 개입할 명

---

140 Letter from 崔圭夏 to 曺正煥, 16 July 1959, 한국외무부문서, 파일번호 C1-0004, 분류번호 723.1JA, 등록번호 706.

141 Aide-Memoire by J-P Maunoir for the ICRC Plenary Session of 6 July 1959, ICRC Archives, file no. B AG 232 105-007.

142 "조선민주주의 인민공화국적십자회 대표단 제네바를 출발," 『로동신문』 1959월 7월 9일; "조선민주주의 인민공화국 적십자회 대표단 성명," 『로동신문』 1959월 7월 9일; "일본 측의 조인 회피는 미리부터 계획된 모략적 행동," 『로동신문』 1959월 7월 9일.

143 "일본 측은 잔꾀를 버리고 협정문건에 즉시 조인하라," 『로동신문』 1959월 7월 14일.

분이 없어졌다는 것이다. 보아쉐는 정례회의에서의 결정, 즉 북송 문제에 개입할 것인지의 여부에 대한 추가적인 '연구·조사'가 이루어질 동안에, 한국도 한적을 통해 ICRC에 별도의 문제해결 방안을 제출해줄 것을 제안했다.[144]

보아쉐의 제안을 받은 뒤, 김용식은 7월 13일 ICRC에 제출할 한국정부의 제안서와 관련한 구상안을 작성해 대통령의 승인을 요청했다. 긴급 제언의 형식을 띠고 있던 이 구상의 요지는 "재일한인이 일본정부로부터 인도주의적 대우를 받고 있는 가의 여부를 조사하도록 ICRC에 의뢰"하고, "조사결과로 드러나게 될 일본정부의 박해조치를 시정하도록" 하는 한편, "재일조선한인에 대한 원조 책을 ICRC의 감시 하에 한일 양 적십자회담에서 실행한다"는 내용이었다.[145] 일본 측으로서는 현실적으로 받아들이기 어려운 안이었다. 김용식의 제언은 이 점을 미리 예상한 것이기도 했다. 제언에 첨부된 설명 자료를 보면 이 구상의 실질적인 목적은 "ICRC가 북일 간에 합의한 협정의 승인을 거부할 수 있는 근거를 제공하는 것"에 있었다.

가령 ICRC가 김용식의 제언에 기초한 한국정부의 해결방안을 실행한다면, ICRC와 일본 그리고 한국 간의 논쟁과 갈등의 발생은 필연적이다. 일본정부가 협조에 응한다 해도 조사의 실행과 사후조치에 이르기까지는 시간이 필요하다. 김용식의 제언은 결국 ICRC의 최종 결정을 유보시킴으로써 북일 간 합의된 협정 초안을 무효화시키기 위한 일종의 '지연전략'이었다고도 할 수 있다. 김용식은 자신의 제언을 당분간 "극비로 처리해줄 것"을 당부하고 있었다. 정세가 유동

---

144 Letter from Young Shik Kim to His Excellency President Syngman Rhee, 13 July 1959, 한국외무부문서, 파일번호 C1-0004, 분류번호 723.1JA, 등록번호 706.

145 Telegram from Young Shik Kim to Syngman Rhee, 13 July 1959.; 별첨〉 Draft Confidential "Essential of our Red Cross Proposal to ICRC", 한국외무부문서, 파일번호 C1-0004, 분류번호 723.1JA, 등록번호 706.

적이라는 것이 이유였다.[146] 김용식은 이후에도 ICRC의 주요간부들로부터 정보를 수집한 후 7월 16일 추가 정세보고서를 경무대에 발신했다. 이번 보고서에서도 김용식은 "시간이 일본에 불리하게 흘러가고 있다"며 "적극적인 외교를 펼칠 찬스"가 도래했다고 자신했다.[147] 같은 날 최규하 또한 조정환 외무장관에 서신을 보내 "일본의 패배를 확신한다"며 낙관적인 전망을 하고 있었다.[148]

한국정부의 회답은 7월 20일에 새로운 정부훈령의 형태로 보내졌다. 하지만 훈령의 내용은 김용식의 긴급제언을 사실상 기각하는 것 이었다. 내용의 요지는, 정부가 재일한인을 한국에 집단적으로 귀국시킬 의사가 있음을 일본정부와 ICRC 측에 시급히 전달하라는 것이었다. 북일 간 북송협정 초안을 무력화시키기 위해 한일 간에도 재일한인 귀국협정의 체결을 추진한다는 계획이었다. 다만 "일본정부는 귀국할 재일한인들에게 보상금을 지불할 것, 또한 귀국 시에 그들이 소지할 재산을 제한하는 규제를 철폐할 것" 등 조건부의 귀국협정 구상이었다.[149] 그리고 이 훈령을 실행하기 위해 한국정부는 21일 김용식을 수석대표로 한 제네바 대표부를 새롭게 설치하기로 결정했다.

조정환 외무장관은 김용식에 별도의 서간을 보내 긴급제언을 기각시킨 이유를 설명했다. 서간에서는 ICRC에 의한 재일한인의 실태조사라는 김용식의 제언

---

146 Telegram from Young Shik Kim to Syngman Rhee, 13 July 1959.; 별첨〉 Draft Confidential "Essential of our Red Cross Proposal to ICRC", 한국외무부문서, 파일번호 C1-0004, 분류번호 723.1JA, 등록번호 706.

147 Report on the Development of the Deportation Issue in Geneva, 16 July 1959, 한국외무부문서, 파일번호 C1-0004, 분류번호 723.1JA, 등록번호 706.

148 Letter from 崔圭夏to 曺正煥, 16 July 1959, 한국외무부문서, 파일번호 C1-0004, 분류번호 723.1JA, 등록번호 706.

149 Ministry's Action for His Excellency's Approval (Reference: KP. O/248), 20 July 1959; (Attached) Oral-Statement; (Attached) Aide Memoir, July 1959. 한국외무부문서, 파일번호 C1-0004, 분류번호 723.1JA, 등록번호 706.

이 "북송문제와 별도의 사안으로서 추진될 우려가 있다"고 지적했다. ICRC의 감시 하에서 진행되는 한일 적십자간의 회의에 대해서도 그 동안 정부가 ICRC의 배제를 일관되게 주장해왔다는 점을 상기시켰다. 가장 중요한 반대 이유로 제시한 것은 "미국이 한일 간 긴장상태의 장기화를 원하지 않고 있다"는 점이었다. 미국과의 관계를 고려하면 "이 이상의 지연 전략을 구사할 만한 시간적 여유가 없다"는 것이었다.[150] 일본을 외교적으로 패배시키는 것을 목표로 하던 한국정부의 입장에 일정한 방향전환이 이루어진 것이다. 이 방향전환은 마침 김용식의 구상이 한국정부에 전달되던 시점에서 이루어진 것이었다.

나. 한미 공조와 한일 귀국협정 구상

김용식이 긴급제언을 발송한 7월 13일, 경무대에서는 이승만 대통령과 다울링 대사의 회담이 진행되고 있었다. 회담에서 다울링은 일본정부가 재일한인들을 북한에 송환하기 전에, "한국으로의 귀국을 최대한 유도"해야 한다고 제안했다. 이에 대해 이승만은 "일본정부가 보상금을 지불한다면", 모든 재일한인들을 받아들일 의사가 있음을 밝혔다. 다울링은 미국정부가 "한국이 요구하는 보상금의 일부를 지불할 용의가 있다"고 했지만, "(북일 간) 제네바 협상에서의 합의는 잊어버리고, 재일한인의 한국으로의 귀국을 실현시키기 위해서는 한일회담을 조기에 재개해야 한다"는 조건을 제시했다.[151] 이는 미국의 새로운 중재안이기도 했

---

150 Letter from Chung Whan choi to Yong Shik Kim, 22 July 1959: Enclosure) Foreign Ministry's Points of View on "ESSENTIAL OF OUR RED CROSS PROPPOSAL TO ICRC", 한국외무부문서, 파일번호 C1-0004, 분류번호 723.1JA, 등록번호 706.

151   Gist of His Excellency's Talks with Ambassador Dowling, 13 June 1959; Report on Summary Record of Conversation Between His Excellency the President and Ambassador Dowling, 14 July 1959, 한국외무부문서, 파일번호 B-0001, 분류번호 704.1, 등록번호 9.

다. 전술한 7월 20일 자 정부훈령은 이승만이 다울링의 이 제안을 받아들인 결과였던 것이다.

김동조 외무차관은 다울링의 중재안을 "만일 (한국정부가) 계속해서 거주지 자유의 원칙을 거부할 경우, ICRC가 일본의 제안을 받아들일 가능성이 있다"는 암시가 담겨있는 것으로 이해하고 있었다.[152] 김동조는 회담 전에 유태하 주일대사(1959년 2월 20일 취임)를 통해 "일본정부가 ICRC의 승인 없이 북괴와의 협정체결을 강행할 듯 보인다"는 정보를 입수한 상태였기 때문이다. 미국의 중재안을 검토하던 김동조는 이러한 정세를 고려하지 않을 수 없었을 것이다.[153] 김용식에 보내진 7월 20일 자 한국정부의 훈령에는 먼저 주한미국대사를 통해 미국무부에 협조 공문을 보내고, "미국으로부터의 회답이 있은 후에" 한일 간 재일한인 귀국협정 추진의사를 일본 외무성과 ICRC에 전달하도록 하는 시행절차가 기술되어 있었다.[154] ICRC와 일본의 움직임을 견제하기 위해서는 사전에 미국과의 협조체제 회복이 시급했던 것이다.

이처럼 한국은 미국의 중재안을 일단 받아들였지만, 거주지 선택의 자유라는 원칙마저 수용한 것은 아니었다. 한국이 목표로 한 것은 북일 간의 북송 협정 초

---

152 Report on Summary Record of Conversation Between His Excellency the President and Ambassador Dowling from vice Foreign Minister to His Excellency the President by Vice Minister of Foreign Affairs, July 14 1959; Supplementary Report of KPO-245 from Vice Foreign Minister to His Excellency the President, July 16 1959, 한국외무부문서, 파일번호 B-0001, 분류번호 704.1, 등록번호 9.

153 다울링과 이승만이 회담하기 전부터, 김동조는 이미 다울링으로 부터 이 중재안을 받고 이승만을 설득하고 있었다. 미국은 이 중재안을 한일관계 회복에 긍정적인 또는 '적극적인 계획(positive program)'이라고 표현하고 있었다.(Telegram form Dowling to Herter, 1959. 7. 6, RG 84, Korea, Seoul Embassy, Classified General Records, 1959).

154 Ministry's Action for His Excellency's Approval (Reference: KP. O/248), 20 July 1959; (Attached) Oral-Statement; (Attached) Aide Memoir, July 1959, 한국외무부문서, 파일번호 B-0001, 분류번호 704.1, 등록번호 9.

안을 무효화하는 것에 있었다. 따라서 한일회담을 시작하기 전에 먼저 일본에 북한과의 협상을 즉각 중단하도록 요구한다는 방침도 세우고 있었다. 일종의 조건부 한일회남 재개 구상이었던 것이다. ICRC의 승인 없이 북송협정 초인을 딘독으로 승인하는 것은 일본정부에게 부담스러운 선택이었다. 따라서 김동조는 일본정부가 먼저 북송협정 초안의 승인을 포기하는 대가로 한일회담의 재개를 요구할 수도 있다고 보고, "결국 한일양국의 입장은 동일하게 조건부의 형태가 될 것"이라는 예측하고 있었다.[155] 김동조는 미국의 중재안대로 한일회담을 재개할 경우에도, 재일한인의 법적지위문제 또는 북송문제 해결을 위해 열리게 될 한일 간 임시위원회 등에서 결론이 나오기 전까지 ICRC는 최종적인 결정을 유보할 수밖에 없을 것이라고 판단하고 있었다.

하지만 이러한 정세판단은 미국의 의도를 간과한 것이었다. 딜론(Douglas Dillon) 미국무차관은 김동조의 제안이 "현실성이 없다"고 판단하고 있었다.[156] 중재안에 담긴 미국의 의도를 잘못 이해하고 있다고 본 것이다. 미국은 한국만이 아니라 일본과 ICRC 측과도 입장을 조율하고 있었다. 한국정부가 훈령을 내린 바로 다음날인 7월 21일 허터(Christian A. Herter) 미 국무장관은 보아쉐 ICRC 위원장과 비공식 회담을 가졌다.[157] 회담의 구체적인 내용은 알려지지 않았지만, 최규하는 제네바 주재 미국 유력자들의 정보들을 인용하면서 "미국의 입장이 반드시

---

155 Ministry's Action for His Excellency's Approval (Reference: KP. O/248), 20 July 1959; (Attached) Oral-Statement; (Attached) Aide Memoir, July 1959, 한국외무부문서, 파일번호 B-0001, 분류번호 704.1, 등록번호 9.

156 Telegram from Dillon to Dowling, 1959. 7.17, RG 84, Korea, Seoul Embassy, Classified General Records, 1959.

157 Telegram from Young Shik Kim to KYUNG MU DAI. WOIMUBU, 24 July 1959, 한국외무부문서, 파일번호 B-0001, 분류번호 704.1, 등록번호 9.

ICRC의 개입에 반대하는 것이 아님을 확인했다"고 전했다. 그리고 "미국의 관심은 북송자의 수를 최대한으로 억제하는 것에 있는 듯하다"는 분석도 추가했다.[158] 미국이 일본의 북송사업 실행을 기정사실로 간주하고 있다면, 북일 간 북송협정 초안의 무효화를 조건부로 하는 한국정부의 한일회담 재개 구상은 비현실적인 것이 될 수밖에 없는 상황이었다.

다. 북송협정 초안 승인과 ICRC의 개입

미국의 입장은 곧이어 확인되었다. 다울링 대사는 7월 27일 김동조 외무차관에게 한일회담의 무조건적인 재개를 요구하는 동시에, 한국이 요구하던 보상금의 명목도 일본 측의 입장을 반영해 '정착금'으로 바꾸도록 수정 제안했다.[159] 결국 한국정부는 "미국이 완전히 친일적이 되었다"고 간주하고, 일본과의 직접담판을 목표로 한 단독행동에 돌입했다. 이를 위해 유태하 대사에게 부산억류자의 석방과 한일회담의 조기재개 의사를 일본 측에 전달하도록 훈령하는 한편, 제네바 대표부에도 한일회담에서 관련한 결정이 내려지기 전까지 최종적인 판단을 유보해 주도록 ICRC에 요청할 것을 긴급지시했다.[160] 결과적으로 한국정부가 먼저 조건부 한일회담의 재개라는 계획을 폐기한 상황이 되어버린 것이다.

허터 국무장관과 보아쉐 위원장의 회합은 ICRC가 이미 북송문제에 대한 입

---

158 Letter from Choi to Chung W. Cho, 24 July 1959, 한국외무부문서, 파일번호 B-0001, 분류번호 704.1, 등록번호 9.

159 Report of Vice Foreign Minister to the President relating on Summary Record of Conversation Between the President and Ambassador Dowing, July 28, 1959, 한국외무부문서, 파일번호 B-0001, 분류번호 704.1, 등록번호 9.

160 外務部政務局, "제4차 한일회담에 대한 설명자료(1959년 8월 11일)," 한국외무부문서, 파일번호 C1-0004, 분류번호 723.1JA, 등록번호 706.

장을 최종 정리하고, 미국 측의 입장을 확인하고자 했음을 의미하는 것이었다.[161] 북송문제에 대한 ICRC의 선택은 마침 한국정부가 단독으로 일본과의 담판에 임한 시점부터 드러나기 시작했다. 7월 28일 일본정부기 ICRC의 승인 없이 북일 간 북송 협정에 조인한다는 각의결정을 한 것이다(『朝日新聞』 1959월 7월 28일 夕刊). 이로써 ICRC는 북일 간의 협정 안에 대한 찬반의 여부와 관계없이 북송사업에 개입할 수 있는 명분을 얻게 된 것이다. 일본정부의 북송협정 승인관련 각의결정이 있던 당일, 갈로핀 집행위원장은 북송사업에 ICRC가 참여하는 전제조건으로 일본정부에 ICRC의 역할과 권한과 관련한 7개 항목을 제시했다.[162] 이에 대해 시마즈 일적사장은 "모든 조건을 확실히 보장할 것"이라고 즉답했다.[163]

ICRC가 일본정부에 제시한 7개의 전제조건 중에는 "5, ICRC가 귀국희망자의 출국 전에, 제3자의 입회 없이 그들의 의사변경유무에 대해 확인할 수 있도록 조치할 것. 6, 귀국희망자의 출국 전에, 그들이 ICRC의 직원에게 자유롭게 말하도록 할 것, 또한 ICRC 관계자가 모든 재일한인에 대해 자유롭게 질의할 수 있는

---

161 "일본정부의 재일한인 북송계획에 대한 정부의 조치와 교섭경위 1959. 12," 한국외무부문서, 파일번호 C1-0011, 분류번호 723.1JA, 등록번호 771. 한국 측의 정보에 의하면, ICRC가 최종적으로 입장을 결정한 것은 회합 바로 다음날인 1959년 7월 22이었다.

162 Gallopin to Inoue, 24 July 1959, ICRC Archives, file no. B AG 232 105-011.03. 7개 항목은 1. 재일한인은 본인의 의사에 반해 북한으로 귀국하는 것이 아님을 보장할 것. 2, 모든 귀국희망자는 일본에 남을 것인지 아니면 북한 또는 한국으로 갈 것인지, 어느 쪽이든 자유롭게 선택할 수 있도록 적절한 지도를 받을 것. 3, 일본에 남게 될 재일한인은, 그 법적지위에 대한 공지를 받도록 하고, 그 법적지위의 상세한 내용에 대해 ICRC에 사전에 통지할 것. 4, 접수창구 또는 출국센터의 질서유지 및 수상한 자의 접근을 금지시킬 것. 5, ICRC가 귀국희망자의 출국 전에, 제3자의 입회 없이, 그들의 의사변경유무에 대해 확인할 수 있도록 조치할 것. 6, 귀국희망자의 출국 전에, 그들이 ICRC의 직원에게 자유롭게 말하도록 할 것, 또한 ICRC 관계자가 모든 재일한인에 대해 자유롭게 질의할 수 있는 환경을 만들 것. 7, ICRC의 활동에 필요한 재정 및 기술적 지원을 제공할 것 등이었다.

163 Telegram Shimazu to Boissier, 28 July 1959, CRC Archives, file no. B AG 232 105-011.03.

환경을 만들 것" 등의 항목이 포함되어 있었다. ICRC의 입회하에 북송 희망자의 의사확인을 의무화하는 것으로 북일 간에 합의했던 북송협정 초안과는 상충되는 내용이었다. 즉 일본은 북송문제에 ICRC를 끌어들이기 위해 사실상 이면 계약을 맺은 것이다. 이는 협정의 조인 후에도 북한과의 분쟁을 재현시키는 요인이 된다.

IV. 북송협정의 조인과 후속조치

1. 북송협정의 조인과 한일회담의 재개

가. '귀환안내'와 북송협정 실행의 지체

1959년 8월 12일 한일회담의 재개를 위해 한국 대표단이 도쿄에 도착했다. 대표단에는 허정이 수석대표로 새롭게 선임되었고, 제네바에서 활동한 바 있던 유진우도 합세했다. 북송저지의 임무를 완수하기 위해 대표단에는 30만 달러라는 당대 최고액의 활동비가 책정되어 있었다(김동조, 1986, 188). 하지만 대표단이 도착한 바로 그날, 한국외교부에 ICRC의 전문이 도착했다. ICRC가 북송사업에 개입할 것이라는 최종 통보였다. 그리고 다음날에는 북일 간에 북송협정이 최종 조인되었다.[164] 도쿄에 도착한 한국 대표단은 이미 임무 완수가 거의 불가능한 조건 속에 있었던 것이다.

북일 간 북송협정의 조인은 8월 13일 인도 캘커타 소재 그레이트 이스턴(Great Eastern) 호텔 연회실에서 카사이 일적 사장과 리일경 조적 위원장 간에 이루어졌다. 협정의 핵심사안인 ICRC의 역할에 대해서는 "1, 일본적십자사가 귀국희망자의 등록창구를 설치할 경우에 ICRC에 조언을 구한다. 2, 상기 등록기관의 운영이 제대로 운영되고 있는지의 여부를 조사하도록 ICRC에 의뢰한다. 3, 일본 적십자사는 본 협정이 인도와 적십자사의 제 원칙에 따른 것임을 방송을 통해 공표하도록 ICRC에 의뢰한다"고 되어 있었다.[165] 옵서버로서 ICRC의 역할을 구체화 한

---

164 「北鮮帰還クロノロジー」, 日本外務省文書, 開示請求番号2004 - 00635, 文書番号18.

165 "조선민주주의인민공화국적십자회와 일본적십자사간의 재일조선공민들의 귀국에 관한 협정," 『로동신문』 1959년 8월 14일. FULL TEXT OF AGREEMENT (Between the Japanese Red

것으로, 이미 북일 간에 합의된 초안의 내용을 재확인한 것이었다. 하지만 일본 정부가 별도로 ICRC와 합의한 7개 항목과는 명백하게 모순되는 것이었다.

이 모순은 ICRC가 쥬노(Marcel Junod) 부위원장을 단장으로 한 대표단을 도쿄에 파견하자 곧 표면화 되었다. 일적은 ICRC 대표단과 협의를 거쳐 9월 3일 '귀환안내(帰還案内)'라는 실무절차를 공표했다.[166] 귀환안내에 담긴 내용은 북송 희망자이어도 "일본에 남아있을 수 있다"라는 원칙 항목, "16세 미만인 자의 창구 출두 강제"를 규정한 자격 항목, "(북송자는) 이송차량과 집결소에서 절대로 외부와 접촉해서는 안 된다"는 송환 항목, 그리고 니가타 일적 센터, 특히 '특별실'에서 이루어지는 심문에 관한 항목 등 이었다(『朝鮮総連』 1959년 9월 14일). 일본정부가 ICRC와 합의한 7개 항목을 반영한 내용이었다. 이것이 북한과 조총련으로부터 맹렬한 비난과 비판의 대상이 되는 것은 당연한 수순이었다.

귀환안내가 공표된 직후, 조총련과 일조협회 그리고 귀국협력회는 3단체연락회를 결성해 조총련과 친북단체 및 일본 혁신진영 간의 연대투쟁을 통한 귀환안내 철회운동에 돌입했다. 3단체연락회의는 예정되어 있던 북송자들에 대한 환송대회를 '귀국촉진 대회'로 대체하는 한편, 전국 각 지자체로부터 귀환안내 철회에 대한 요망서 또는 의견서를 결집해 갔다. 시기적으로 국민회의의 안보투쟁이 9월 9일에 이루어진 제6차 통일행동으로 크게 고양되어 있었고, 11월 하순을 최대의 정점으로 한 제8차 통일행동이 계획되고 있었다. 귀환안내 철회운동은 이러한 안보투쟁의 정세를 활용하면서 폭 넓은 지지를 획득해 갔다. 그리고 이 운

Cross Society and the North Korean Red Cross Society on the voluntary repatriation of Koreans in Japan) August 14 1959; (Attached) The Talking Paper on the Legal Status of the Korean Residents in Japan, 한국외무부문서, 파일번호 P-0001, 분류번호 791.25, 등록번호 447.

166 「帰還案内」(Translation) Japanese Red Cross Society, Guide Book for Returness, Sept 1959, ICRC Archives, file no. B AG 232 105-014.

동이 전개되는 동안, 북송협정의 실행은 지체되고 있었다.

나. 한국의 최후 저항: 한일 귀국협정 추진

귀환안내를 둘러싸고 재현하기 시작한 북일 간 대립국면은 한국에게 북송저지를 위한 마지막 기회였다. 귀환안내 공표로부터 일주일 후인 9월 9일, 한국정부는 북일 북송협정을 대체할 한일 간 새로운 귀국협정 초안을 작성했다. 이 초안에는 "귀국이 실현된 후 일본 잔류를 희망하는 재일한인의 법적지위문제를 다루기 위한 협의를 지속한다"는 항목이 추가되었다. 하지만 당초의 구상대로 일본정부가 "한국에 정착하는데 필요한 보상금을 지불하지 않으면 안 된다"는 항목이 명기되어 있었다. 그리고 한일 귀국협정 초안에 담긴 한국정부, 특히 이승만 대통령의 의도는 변함없이 한 사람의 북송도 허용하지 않는다는 것이었다. 이 대응방침에 대해서는 당시 김동조 외무차관으로부터 내부비판이 제기되었고, 이 때문에 해임되기에 이른다(김동조, 1986, 193, 195-196).

한국의 귀국협정 초안은 약간의 수정을 거쳐, 9월 18일에 조정환 외무장관으로부터 한일회담 수석대표인 허정에게 전달되었다. 여기에는 다음날 있을 제19차 재일한인 법적지위 위원회에서 일본 측의 반응을 확인한 후 정식으로 제안할 시기를 결정한다는 취지의 훈령이 함께하고 있었다.[167] 일본 측 반응은 재일한인 법적지위 위원회 밖에서 확인되었다. 9월 21일부터 일적이 북한 북송 희망자 접

---

[167] 외무장관으로부터의 건의안 「한일회담에서 제시할 재일한국인문제를 해결하기 위한 우리 측의 협정 초안에 관한 건, 1959년9월18일」. 별첨1)외무장관이 허정 수석대표에게 보내는 훈령「재일한국인문제에 관한 우리 측의 협정 초안에 관한 건」. 별첨2) Drafts Agreement Between the Republic of Korea and Japan Regarding the Repatriation to the Republic of Korea of Korean Residents in Japan and Their Treatment in Japan, 한국외무부문서, 파일번호 P-0001, 분류번호 791.25, 등록번호 447.

수를 개시한 것이다. 한국정부의 사전양해를 구하는 과정은 생략되어 있었다. 그런데 25일까지 귀국희망자의 신청자 수는 고작 155명에 불과했다. 조총련이 귀환안내의 수정을 요구하며 대대적인 북송 희망자 접수 보이콧을 전개한 결과였다.

한국정부는 주일 대사에게 조총련에 의한 보이콧을 "모든 수단을 동원해 저지"하도록 하는 한편, ICRC에 귀환안내의 수정불가를 요구했다.[168] 역설적으로 한국정부가 일본을 측면에서 지원하고 있는 형국이 된 것이다. 그리고 10월 8일 한국정부는 대일무역봉쇄조치를 공식 해제함으로써 일본과의 회담에 본격적으로 임할 자세를 보였다. 다음날에는 일본 측에 제안할 협정 초안과 관련한 협상전략을 구체화시킨 훈령을 허정 대표에게 하달했다. 한국이 모든 재일한인들을 받아들일 준비를 갖추고 있음을 어필하는 동시에 일본정부로부터 반드시 보상금을 확보하라는 내용이었다. 이 훈령은 일본정부의 일방적인 재일한인 북송시도를 저지한다는 "기본방침에 변함이 없다"는 전제 하에 있었다.[169]

다. '귀환안내'의 철회와 미국의 최종 선택

훈령을 받은 허정 수석대표는 10월 14일 사와다 일본 측 수석대표와 비공식 회담을 가졌다. 이 자리에서 사와다는 일본정부가 연간 재일조선인에 지출하고 있는 생활보조금이 약 18억 엔 정도라는 점을 거론하며, 이 금액이 "귀 측이 말하는 보상금과 관련해 좋은 참고가 될 것"이라고 말했다. 보상금이라는 명목에는

---

168 보고)재일한인 북송계획 및 한일회담의 최근의 진전 상황에 관한 자료 송부에 관한 건. 별첨1)재일한인 북송계획 최근의 진상, 한국외무부문서, 파일번호 C1-0010, 분류번호 723.1JA, 등록번호 767.

169 Memorandum for Delegation and Tokyo Mission. 보고)외무차관으로 부터 경무대 비서실로, 재일한인 문제에 관하여 대표단에게 발송하는 훈령에 관한 건」. 훈령)외무차관으로 부터 허정 한일회담 수석대표, 재일한인문제에 관한 우리 측 협정 초안에 관한 건 1959년10월9일」 한국외무부문서, 파일번호 C1-0010, 분류번호 723.1JA, 등록번호 767.

강한 거부의사를 보였지만, 이에 상응하는 금액을 지불할 의사를 처음으로 내비친 것이다. 회담을 마친 후 허정은 일본 정부가 재일한인의 대규모 한국 귀국을 환영하는 분위기라고 보고했다.[170] 이러한 분위기를 보다 확고히 하기 위해, 한국 정부는 한일 귀국협정을 합의하기에 앞서 그 기본원칙을 담은 공동성명의 작성을 서두르도록 지시 했다. 하지만 그 후 일본 측의 호응은 한국의 적극성에 미치지 못하고 있었다.[171]

10월 27일에는 이토 유지로(伊藤佑二郎) 외무성 아시아 국장이 일적의 카사이 부사장과 더불어 이계백, 윤상철 등 조총련 간부들과 귀환안내 수정문제로 회담을 가졌다. 회담에서 이토 국장은 북송자의 의사를 확인할 니가타 특별실을 "출입문이 없는 개방된 방"으로 할 것 등, 거의 대부분의 항목에서 조총련 측에 양보했다. 회담에는 귀국협력회의 호아시, 일조협회의 하타나카와 더불어 사회당의 보츠미 시치로(穗積七郎) 등이 보증인으로 함께하고 있었다. 조총련과 일본 혁신계의 연대투쟁으로 귀환안내가 사실상 사문화된 것이다. 카사이 부사장은 회담 결과에 기초해 새로운 지침(新通達)을 북송 희망자 접수창구에 하달했고, 뒤이어 북송사업은 본격적으로 실행에 옮겨지기 시작한다(日本赤十字社, 1972, 207-208). 이처럼 일본은 한국과 북한을 상대로 귀국과 북송을 동시에 추진하는 이중외교를 구사하고 있었다.

---

170 Report on Informal Talks Exchange with Japanese Delegate, from Huh to His Excellency the president, October 19. 1959, 한국외무부문서, 파일번호 C1-0010, 분류번호 723.1JA, 등록번호 767.

171 공동성명 작성과 관련한 자세한 경위는 Letter from Huh to His Excellency the president, October 22. 1959; Telegram from Foreign Minister to Delegation and Mission, October 30, 1959; Telegram from Choi Kyu Hah to Amb Yiu, Nov 14, 1959; Telegram from Ambassador Yiu to Vice-Foreign Minister choi Kyu Hah, Nov 15, 1959, 한국외무부문서, 파일번호 C1-0010, 분류번호 723.1JA, 등록번호 767.

한국정부는 한일 귀국협정의 추진을 위해 미국의 협조를 요청하고 있었다.[172] 하지만 10월 29일 미 국무성 대변인마저 일본정부의 입장을 지지한다고 공표하기에 이른다.[173] 이로써 한일 귀국협정 추진을 통한 한국의 마지막 저항은 사실상 무효화되었다고 할 수 있다. 중재자의 이미지를 유지해 왔던 미국이 이처럼 공공연하게 일본을 지지하게 된 데에는 일주일 전 양유택 주미 대사가 미국의 유력 크리스천들에게 보낸 서간이 계기가 되었다. 서간에서 양유택은 북송사업을 "비정한 인신거래"라고 비난하면서, 미 의회와 국무성에 이를 규탄하는 문서를 주미 한국 대사관에 보내줄 것을 긴급히 요청하고 있었다. 미 국무성은 일본정부에 대한 지지 입장을 발표한 다음날 양유택의 서간과 관련해 한국정부에 공식 항의문을 보냈다. 항의문은 양 대사의 행동을 외교적 특권을 넘어선 "중대한 위반행위(vagrant violation)"라고 규정하고 있었다.[174]

2. '북송 1959' 이후의 한반도와 일본

가. '북송 1959'이후의 한일관계

마지막까지 북송선을 저지하기 위해, 이승만 대통령은 1959년 12월 13일 전국

---

172 Summary Record of the Meeting with U.S Under Secretary of State Dillon, 23 October 1959; (Attached) Briefing Paper, "Facts About Japan's Attempt to Deport Korean Residents in Japan to the Northern Part of Korea," 23 October 1959; (Attached) Briefing Paper, "Korean View of Korea-Japan Relation," 23 October 1959, 한국외무부문서, 파일번호 B-0001, 분류번호 704.1, 등록번호 9.

173 「北鮮帰還クロノロジー」, 日本外務省文書, 開示請求番号2004 - 00635, 文書番号18.

174 Recommendation on U.S. Protest against Certain Statement by Ambassador Yang form Vice Minister of Foreign Affair to His Excellency the President, 30 October 1959; (Attached) Confidential, Press Release issued by the Korean Embassy on 22 October 1959, in Washington, D.C, 한국외무부문서, 파일번호 B-0001, 분류번호 704.1, 등록번호 9.

비상계엄령과 국제재판소 제소 등을 지시했다(김동조, 1986, 199). 하지만 그 어느 것도 실현되지 못했고, 다음날 제1차 북송선 2척이 재일한인 238세대 975명을 태우고 니가타를 출항했다. 북송신 출항 직진에 한일 양국은 재일한인의 한국으로의 귀국협정과 관련한 기본원칙에 합의했었다. 합의에는 재일한인의 정치적 성향과 관계없이 "모두 받아들인다"는 내용이 포함되어 있었지만, 여전히 실효성을 발휘하지 못하고 있다. 그 반면 북송선이 평양에 도착한 후인 22일, 한국정부는 북송자 중 한국으로부터의 "불법입국자 42명", 즉 한국 국적자도 포함되어 있음을 확인하게 된다(関智㷀, 2019, 191).

한일 간 재일한인 귀국협정의 쟁점은 여전히 송환자금과 정착금 문제였다. 여기에는 다시 미국의 중재가 더해졌다. 일본정부가 1가구 당 1,500달러까지 지급할 용의가 있음을 한국 측에 알린 것은 파슨즈(Howard L. Parsons) 국무부 동북아시아 과장이었다. 이후 한국정부는 일본 측이 송환자금과 정착금을 지급한다는 구상 확약서를 확보했다. 하지만 1960년 1월 23일 일본 측이 이 자금을 한일이 국교정상화가 이루어진 후에 지불할 것이라고 주장하면서 논의가 다시 공전되고 있었다.[175] 결과적으로 4월 15일 북송사업의 실행으로 중단되었던 제4차 한일회담을 재개시킨 것은 한일 간 귀국협정의 타결이 아니라 한국 쌀 3만 톤의 일본 수출 합의였다. 이 조차 4.19 혁명으로 재개 4일 만에 다시 중단되기에 이른다.

제5차 한일회담의 개시는 장면정부가 재일한인 정책을 전환한 것이 중요한 계기가 되었다. 1960년 10월 22일 한일회담 한국 대표단은 재일한인을 "일본으로 부터 보상금을 받고 본국으로 귀국시킨다는 방침"을 철회하고, "일본 내에서 안정된 생활이 가능하도록 법적 보장을 부여"하는 방향으로 협상전술을 수정했

---

175 재일한인에 대한 보상금 지급에 관한 건(1960. 11.23) 한국외무부문서, 파일번호 C1-0010, 분류번호 723.1JA, 등록번호 767.

다.[176] 뒤이어 재일한인법적지위위원회를 중심으로 제5차 한일회담은 타결의 방향으로 진전하기 시작한다.[177] 한일회담 진전의 배경에는 일본 측의 변화도 있었다. 6월에 미일 간 신안보조약이 체결되었고, 7월에 기시 내각이 퇴진하고 이케다 하야토(池田勇人) 내각이 등장하면서 일본의 안보투쟁정국의 혼란이 일단락되고 있었던 것이다.

제5차 한일회담에 임하면서 일본 외무성 조약국에서는 10월 20일, '재일한인 법적지위에 관한 문제'라는 문서를 작성했다. 조선적 소지자는 대한민국 국민에 해당하지 않으며 국적불명의 일종의 무국적자라는 내용이었다. 그리고 "북선에 적을 두고 있는 자"로 규정 하고 있었다.[178] 북송문제에 직면하면서 재일한인 전체를 국민으로 규정했던 한국정부의 해석을 정면에서 부정하는 것이었다. 한국과 국교정상화를 앞두고 의도적으로 조선적이라는 제도를 남겨둔 것은 북한을 한국의 '미수복 지역'이 아니라 일본의 '미승인 국가'로 간주했기 때문이었다. 북송과정에서 거듭된 북한과의 협상 경험이 일본정부의 한반도에 대한 한정승인 방침의 확정으로 이어지고 있었고, 이것이 재일한인의 국적과 처우문제에서 먼저 드러나고 있었던 것이다.

일본정부의 한반도에 대한 한정승인 의도는 북송사업이후 일본 국내에서 이미 공공연한 것이 되어 있었다. 12월 12일 중의원 본회의에서 한일회담과 관련한 질의에 대해 이케다 수상은 "38도선 이북에 별도의 정부가 있다는 사실"을 염두

---

176 한일회담 한국 대표단 간담회(1960년 10월 22일), 한국외무부문서, 파일번호 C1-0004, 분류번호 723.1JA, 등록번호 713.

177 한일회담에 관한 설명(1960년 12월), 한국외무부문서, 파일번호 C1-0004, 분류번호 723.1JA, 등록번호 713.

178 「在日韓人の法的地位に関する問題」 1960年10月20日, 日本外務省 日韓会談文書(第5次開示), 文書番号1146.

에 두면서 한국과 교섭할 의사를 분명히 했다.[179] 어업문제 및 청구권 문제와 더불어 한일회담의 3대 현안이었던 재일한인 법적지위 문제는 1964년에 이르러 타결된다. 2월 28일 한국정부는 협정대상자인 재일한인을 대한민국 국민으로 규정하고 헌법과 국적법에 의한 자라는 점을 공식기록으로 남겼다(崔紗華, 2021, 70). 재일한인에 '국적'에 근거한 국민규정을 적용한 것이다. 이 때 이후 조선적 소지자는 사실상 한국의 재일교포 또는 재외동포의 범주에서 제외된다.

1965년 2월 한일기본조약이 가조인의 단계로 접어들었다. 남은 쟁점은 과거에 체결되었던 조약이나 협정의 시효와 한국정부의 관할권문제로 좁혀져 있었다. 여기서 사토 에이사쿠(佐藤栄作) 내각은 유일합법성문제와 관할권문제를 분리시킨다는 입장을 분명히 했다. 한반도에서 한국정부의 유일합법성은 인정하되 관할권은 한반도 전체에 미치지 못한다는 해석이었다. 이 때문에 발생할 한국과의 충돌을 피하기 위해 사토 내각은 최소한 필요한 내용만을 합의하는 방식을 취한다는 전략을 세우고 있었다.[180] 이즈음 일본의 외교문서에 '오소리티(オーソリティー; Authority)'라는 표현이 등장한다. 북한정부는 그 합법성 여부와 상관없이 해당지역을 통치하고 있는 정치 실체라는 의미였다.

6월에 최종 합의된 한일기본조약 제3조에 대한민국정부가 한반도의 유일한 합법정부임을 분명히 규정하고 있었다. 한국정부는 한일기본조약에 유일합법성을 확인하는 조항의 삽입여부를 한일회담 성패의 중요한 판단기준으로 삼고 있었다.[181] 반면 일본의 시이나 에츠사부로(椎名悦三郎) 외상은 한국정부의 통치가

179 『第37回国会衆議院本会議会議録』第6号, 1960. 12. 12.
180 '日韓会談の諸懸案につき北朝鮮問題が関連してくる諸点の協定上の取扱振りについて(1963.8.1)', 日本外務省 日韓会談文書(第6次開示), 文書番号, 1845.
181 대한민국정부 『韓日会談白書』光明印刷公社, 1965, 21.

이루어지는 곳이 현실적으로 "38도선 또는 휴전선이남"이라는 점을 분명히 하고 있었다.[182] 여기서는 영토가 아니라 관할 영역이라는 용어가 사용되고 있었다. 이와 관련해 우시로쿠 토라오(後宮虎郎) 아시아 국장은 이케다 내각 이래 "북(한)과 관련한 사항은 백지상태"에 있다고 언급했다.[183] 향후 북한과의 국교정상화 교섭 가능성을 여지로 남겨둔 것이다. 이후 일본에서는 '북선'이라는 표현이 점차 '북조선'이라는 용어로 바뀌어 간다.

나. '북송 1959'이후의 북일관계

1959년 12월 1일, 영접지인 청진항에 배선된 귀국선은 소련제 군함을 개조한 크릴리온호와 토볼로스크호였다.[184] 이는 조소연대의 산물이기도 했다. 집단적 귀국결의에서부터 제네바 회담 그리고 북일 북송협정의 체결과 그 실행에 이르기까지, 북한은 소련과의 협조 하에 한일회담을 저지하면서 대일 접근을 확대시켰다. 그 결과 일본 국내에서는 초당파적인 지지 속에 조총련과 일조협회의 조직력이 비약적으로 강화되었고, 북일무역과 '일조우호운동'도 확대되었다. 그리고 12월 11일에는 리일경 이하 총 10명의 북한 대표단이 니가타에 상륙했다.[185] 국가 대 국가의 교섭과 합의에 의해 북한의 공식대표가 최초로 일본에서 공무를 개시한 것이다. 북송사업으로 실현된 북한식 대일 인민외교의 성과였다.

인민외교는 장기간 축적된 민간 부문의 교류를 공식적인 외교관계로 확장시키는 것을 목적으로 한다. 여기서 인적교류는 가장 효과적인 수단이 된다. 따라

---

182 『第48国会回衆議院議員外務委員会会議録』第2号, 1965. 2. 24.

183 大韓民国の '領域' について', 日本外務省 日韓会談文書(第6次開示), 文書番号1855.

184 "귀국하는 재일조선공민들을 태울 소련선박들이 청진항에 도착," 『로동신문』 1959년 12월 3일.

185 "니이가다에서 우리나라 적십자회 대표들을 열렬히 환영," 『로동신문』 1959년 12월 13일.

서 귀국 또는 인양사업은 중소의 대일 인민외교에도 적극적으로 활용된 바 있다. 다만 북송사업은 이를 단기간에 대규모로, 그리고 적극적인 조직화를 통해 추진한 사례라고 할 수 있다. 이러한 과잉추진이 가능했던 것은 조총련의 조직력과 재일한인사회의 지지, 일조협회를 비롯한 일본 혁신세력의 지원이 있었기 때문이었다. 이 또한 1955년 남일성명 이래로 축적해 온 대일 인민외교의 성과였다. 북송사업은 이 성과를 최대치 이상으로 동원한 것이었다. 하지만 이 외교적 실험의 성공은 일시적인 것에 불과했다. 북송 희망자는 1961년 12월 1일 제85차에 이르러서 32명으로 이미 최저치를 기록하고 있었다. 북송의 열기가 빠르게 식어갔고, 그 한편에서 한일회담은 급진전해 갔다.

북송사업의 추진력을 잃어버린 북한의 대일 인민외교는 한일회담의 진전 앞에 무력했다. 이를 상징적으로 보여주는 사례가 1962년 북한이 발표한 정부성명 (12.13성명)이었다. 성명에서는 식민지지배에 대해 일본정부가 "공정하게 배상"해야 한다며, "조선민주주의인민공화국과 남조선 당국을 포함한 3자회담"을 제안했다.[186] 이 3자회담 제안은 종래의 북한의 입장에 비추어 매우 돌출적인 것이었다. 한국 정부의 정통성을 부정해왔던 북한의 기존입장과 정면충돌하는 제안이었으며, 일본정부의 한정 승인논리에 편승하는 것이기도 했다. 특히 당시는 한국에 군사 쿠데타가 발생한 직후였다. 12.13성명에서 조차 국가재건최고회의를 "미제국주의자들의 침략도구"이자 "괴뢰정권"으로서 간주하고 있었다는 점에서 논리적으로도 모순을 보이고 있었다.

12.13성명에 대한 일본 정부의 인식은 12월 18일 외무성 북동아시아과가 작성한 '북조선정부의 대일태도'라는 제하의 보고서에서 확인된다. 보고서는 "이러한

---

186 《한일회담>>과 관련하여 조선민주주의인민공화국 정부 성명(1962년 12월 13일)," 『로동신문』 1962년 12월 14일.

식의 공식성명이 발표된 것은 이것이 최초에 해당한다"며, 당혹감을 드러내고 있었다. 성명발표의 배경으로는 김종필 부장의 방일, 오노 부총재의 방한 등 한일 간 긴박하게 전개되던 정세변화를 들고 있었다. 3자회담의 제안은 이에 대한 견제의 의미가 있다고 본 것이다. 그리고 조총련 및 일본 좌익단체가 조직하고 있는 한일회담반대운동에 논리적 근거를 제공해서, 이를 보다 강화시키는 것에 본래의 의도가 있다고 분석했다.[187] 실제로 3자회담이라는 방식은 이미 일본사회당으로부터도 제안된 바 있었다.[188] 북한은 일본의 혁신계와의 연대에 의존해 한일회담에 저항하고 있었던 것이다.

한일기본관계조약 안이 가조인 단계에 이르자, 북한은 1965년 2월 25일 다시 정부성명을 발표해 "본질적으로 을사조약과 다름없는 흉악한 문서"라며 강력히 비난했다.[189] 한일 간에는 재일한인 법적지위문제가 마지막까지 미결로 남아 있었다. 북한은 모든 재일한인을 "국제법에 근거해 외국인으로서 대우하고, 그들의 권리를 보장할 것"을 전제로 하면서, 재일한인의 "절대다수가 공화국 공민인 이상 협정의 체결자체가 무효"이며, 이 점에 대해서는 "어떠한 거래도 있을 수 없다"는 자세였다.[190] 북한의 대응은 이러한 원칙적인 입장을 표명하는 것에 머물러 있었다. 재일한인과 관련한 문제는 대일 인민외교의 중핵을 이루어 왔고, 그만큼 이에 대한 북한의 입장은 타협의 여지를 가지기 어려웠다. 하지만 북송사업

---

187 「北朝鮮政府の対日態度」, 日本外務省 外交文書, 分類番号 0120-2001-00988 A'-393.

188 日本社会党本部編, 1961, 『第20回定期党大会決定集—社会党の新路線』, 155.

189 "한일회담의 최종결속을 서두르고 있는 미일 제국주의자들의 범죄적 행위를 규탄한다-조선민주주의인민공화국 성명," 『로동신문 1965년 2월 26일. 당시 북한의 공식성명 등에 대한 일본 정부의 분석 내용은 「国会提出資料 日韓協定および諸協定調印に関する北朝鮮の反響」, 日本外務省 外交文書, 分類番号 2006-00588-0029-01.

190 리삼채, "한일회담의 현안문제 – 재일교포의 법적지위 문제," 『로동신문』 1965년 2월 28일.

의 추진력이 소진된 상태에서 더 이상 북일 간의 의제가 될 수는 없었다.

북한은 한일기본조약이 최종 타결단계에서만 정부성명 4회, 외상성명 2회, 외무성 및 외무성 내변인 성명을 각각 1회 씩 발표했다.[191] 여기에 더해 북한의 사회단체 및 로동신문의 논평도 연이어 발표되었다. 1965년 당시 북한의 대외정책에 있어 한일기본조약의 체결이 어느 정도의 중요성을 차지하고 있었는지 추측할 수 있다. 하지만 북한의 대일 인민외교는 결국 좌절되었고, 이 때문에 대일정책의 수정은 불가피한 것이었다. 한일기본조약 체결된 후 1966년 1월 10일 자 로동신문에는 "미제의 비호 하에 일본군국주의가 부활했다"고 단언하는 내용의 논설이 2면에 걸쳐 개제되었다.[192] 이후 북한에게 일본은 대남 혁명전략의 국제적 거점으로 위치지어진다. 이에 대해 일본외무성은 당시의 북한에 대해 "세계에서 일본을 가장 적대시하고 있다고 해도 과언이 아니다"라고 논평하고 있었다.[193]

다. '북송 1959' 이후의 북송사업

1959년 12월 14일 북송 제1선이 출항한 이래 총 187차례 북송선이 북한과 일본 사이를 도항했다. 북송된 재일한인의 누계인원은 93,340명으로 10만에 육박하는 규모이다. 이 대규모 인구이동은 1984년 7월 24일에 이르러 막을 내린다. 이렇게 보면 북송사업은 시행 기간에 있어서도 예외적인 이주였다고 할 수 있다. 하지만 1959년부터 1961년까지 이미 74,780명의 재일한인이 북송되었다. 전체 북송자 중 약 80%에 해당한다. 그리고 1965년 한일기본조약 체결을 계기로 북송협정의

---

191 「日韓国交正常化交渉の記録(日韓会談と北朝鮮)」, 日本外務省 日韓会談文書(第6次開示), 文書番号911.

192 "일본군국주의를 반대하여 투쟁하자," 『로동신문』 1966년 1월 10일.

193 「北朝鮮の最近の対日論調」, 日本外務省 外交文書, 分類番号 0120-2001-00988.

연장도 종료되었다.[194] 1971년 5월부터 재개된 북송사업은 '일부 미귀환자를 위한 잠정조치'와 '추가적으로 귀환을 희망하는 자를 위한 사후조치'였다[195]. 주요 대상은 조총련계 인사 및 가족들로 상대적으로 소규모였으며, 그 실행 또한 단속적이었다. 이 과정에서 1959년의 북송사업과 같은 치열한 협상 또한 확인되지 않는다.

북송선에 승선한 것은 재일한인들 만이 아니었다. 총 6839명의 일본 국적 소지자들이 있었고 그 중 약 97%에 해당하는 인원도 1959년부터 실시된 북송사업을 통해 북한으로 이주했다. 대부분 재일한인의 배우자로 이들의 생사확인과 귀국문제(日本人妻問題)는 북일 당국 간 의제가 되어왔다. 이 문제가 처음 부상한 것은 1997년 11월에 실시된 일본인 배우자 고향방문 사업이었다. 북송사업이후 38년 만에 실시된 인도주의 사업이었지만 북일 국교정상화 본회담의 재개를 위한 사전조치로서의 성격이 강했다. 이 사업으로 2000년까지 3차에 걸쳐 총43명의 일본인 배우자가 고향을 방문했다. 하지만 북일 국교정상화본회담의 중단과 더불어 일본인 배우자 고향방문 사업도 사실상 종료했다.

한편 1996년부터 일부 일본인 배우자와 그 가족들의 탈북이 시작되어 일본으로 입국하는 사례가 발생하기 시작했다. 2019년 현재 탈북한 일본인은 약 600명으로 그 중 200명만이 일본으로 귀국한 것으로 알려져 있다. 나머지 탈북 일본인들이 선택한 정착지는 한국이다(菊池, 2020, 654). 일본인 배우자 문제는 2014년 5월의 북일 스톡홀름 합의에서 다시 논의 되었다. 이 때의 의제는 '방문'이 아니라 '귀국'이었다. 북한에 의한 일본인 납치 피해자 재조사가 주요 합의사항이었지

---

194 협정체결이후 1년 3개월이었고, 협정의 연장은 1년 단위로 이루어졌다. 협정의 연장에 의한 북송은 1967년 12월 종료되었다(155차 북송선. 누계 88,611명).

195 '잠정조치'에 의한 북송(1971년 5월 15일-1971년 10월 22일)으로 1081명이, '사후조치'에 의한 북송(1917년 12월-1984년 7월 25일)로 3648명이 북한으로 송환되었다.

만, 이와 동시에 일본인 배우자와 그 가족들의 생사확인에 대한 "포괄 병행적인 전면조사와 동시실행"이 약속된 것이다. 북한에 남아있는 일본인 배우자와 그 가족은 약 1,800명 정도로 추산되고 있다. 일본인 배우자가 생존해 있다면 이미 90살 전후의 고령이 된다. 하지만 북일 스톡홀름 합의는 결렬된 채 현재에 이른다.

3. 재일한인 북송문제의 교훈과 한국외교의 시사점

한국은 재일한인의 북송을 저지하기 위해 총력외교로 대응했다. 정부는 외교자원을 총동원했고 군사적 대응까지 준비했다. 국제무대에서는 로비와 교섭 등 다방면의 외교전이 펼쳐졌고, 국내에서도 대규모 북송반대 국민운동이 전국적으로 전개되었다. 분열되어 있던 정치권 또한 북송반대를 위해 초당파적 결집으로 대응했다. 하지만 이러한 대응들은 실패한 것으로 평가되어 왔고, 이 때문에 한국외교사에서 충분히 가시화되지 못한 측면이 있다. 한국정부가 총력외교로 대응한 이유는 대단히 명확했다. 자국민을 보호하는 문제로서, 주권에 관련한 사안으로 규정했기 때문이다. 국민의 생명과 국가의 주권을 수호하기 위해 정부가 총력으로 대응하는 것은 당연한 것이자 정당한 것이기도 하다. 따라서 북송저지를 위한 총력외교의 '강경함' 그 자체는 원칙적으로 비판의 대상이 될 수 없다.

문제는 한국의 이러한 대응이 국제사회에서는 보편적인 인권규범에 반하는 것으로 간주되었다는 점이다. 일본과 북한은 인도주의의 실현이라는 명분으로 북송협상에 임했고, ICRC 또한 인도주의 사안이라는 이유로 북송사업에 개입을 결정했다. 미국과 소련의 중재와 지원도 동일한 명분과 이유를 표방하며 이루어졌다. 하지만 일본에게 북송은 치안과 재정의 부담이 되는 전후처리대상의 추방으로서, 북한에게는 대일접근을 위한 대규모 동원전략으로서의 의미를 가지고 있었다. 미국과 소련이 말하는 인도주의에는 공산주의자의 배제 또는 국제공산 주의 연대라는 냉전의 논리가 작동하고 있었다. 그리고 인도주의의 이름으로 북 송을 선택했던 재일한인들에게는 북한에서의 비인도적인 삶이 기다리고 있었다. 이처럼 북송문제는 인도주의라는 국제인권규범의 정치적 속성을 적나라하게 보 여주는 사례였다고도 할 수 있다.

북송문제를 국제인권규범이 아닌 국민주권수호라는 의제로 대응한 것은 한 국이 유일했다. 이 시도가 성공하지 못했던 것은 분단국가의 국민규정 및 주권 문제가 가지는 특수성과 그 한계를 말하기도 한다. 한국의 대응은 북한과의 유 일 정통성을 둘러싼 배타적 경쟁의 맥락에서 비롯한 것이었다. 재일한인의 생명 과 한국의 주권을 지킨다는 주장에는 분단논리가 작동하고 있었고, 이것이 인도 주의의 외피를 쓴 냉전논리와 충돌하고 있었다고도 할 수 있다. 북송을 둘러싼 남북한의 격렬한 대립은 결과적으로 일본에게 한반도에 대한 이중외교와 한정 승인논리의 공간을 열어 주었다. 또한 북한과의 배타적 체제경쟁에 입각한 한국 의 국민주권수호라는 의제는 비타협성을 가질 수밖에 없었고, 이 비타협성이 한 미공조의 균열과 대일 협상전략의 경직성을 초래했다. 결국, 한국외교의 목표는 '한 사람의 북송도 허용하지 않는다'는 것이 되었고, 협상전략과 대응방침은 이 목표를 달성하기 위해 입안되었다.

1959년의 북송을 둘러싼 협상과정에는 3개의 국면이 있었다. 첫 번째는 일본 의 각의양해(2.13) 직후, ICRC를 상대로 제네바 외교가 전개되는 국면이다. 한국 제네바 대표단의 철수와 북한 대표단의 제네바 입국이 같은 날(4.8)에 이루어진 것에서도 알 수 있듯이, 한국은 북일 양자교섭의 실현을 전혀 예측하지 못하고 있었다. 두 번째는 북송협정 초안 타결(6.10)을 둘러싼 대응국면이다. 김용식의 구 상(협정조인의 지연전략)이 기각되었고, 의도했던 한미공조는 실패했다. 북송문제를 한일회담의 의제로 수렴할 수 있었던 마지막 기회이기도 했다. 세 번째는 북송협정 조인 직후, 귀환안내(9.3)를 둘러싸고 조총련에 의한 보이콧이 전개된 국면이다. 이때 북송규모의 '최소화'가 가능할 수 있었지만, 한국은 북송협정 '무효화'를 주장하며 '조건부' 한일 귀국협정을 추진했고, 이는 현실적인 대응이 되지 못했다. 이상의 협상과정과 결과에서 되짚어 봐야할 논점들은 다음과 같다.

첫째, 북송문제에 대한 미국의 입장과 중재안이다. 한국과 일본 모두 미국의 중재를 요구했고, ICRC의 개입도 미국과의 조율을 거쳐 결정된 것이다. 미국의 선택은 그만큼 중요한 의미를 가졌다. 북송문제에 대해 미국은 공식적으로 중립의 입장이었다. 하지만 사태의 진전에 민감하게 반응하면서 한일 양국을 설득했고, 중요한 국면에서는 구체적인 중재안을 제시했다. 미국은 거주지 선택의 자유에 입각한 외교를 말했지만 실제로는 동아시아 반공블록의 완성이라는 냉전전략, 특히 일본과의 안보조약 개정이라는 일정 속에 행동했다. 정책의 초점이 북송문제 해결 그 자체에 있지 않았기 때문에, 중재안의 목표는 북송협상의 저지에서 북송사업의 최소화로 가변적인 것이었다. 반면 한국의 목표는 북송의 완전한 저지로 고착화되어 있었고, 여기에 미국의 의도에 대한 오인과 자의적인 정세분석이 더해지고 있었다.

둘째, 북송협상 저지수단으로서의 한일회담이다. 미국은 주요 국면마다 다른 내용의 중재안을 제시했지만, 일관되게 한일회담의 재개를 독려하고 있었다. 반면 한국은 북송문제를 한일회담의 의제로 삼지 않았고, 한일회담의 재개 그 자체를 대일 협상의 수단으로 활용하고자 했다. 한국의 또 다른 목표는 일본의 외교적 패배였고, 미국의 중재안은 이 목표를 상쇄시키는 절충안으로 인식하고 있었던 것이다. 하지만 북한이 북송사업을 추진한 일차적인 이유는 한일회담의 저지에 있었다. 한국의 대일 협상전략이 북한의 이러한 전술적 의도까지 충분히 고려한 것이라고 보기 어렵다. 물론 북송협정이 타결된 이후에 한국은 북송문제를 한 일회담의 의제로 삼고자, 조건부의 한일 귀국협정 안을 추진했다. 하지만 이 안은 대일 협상전략의 수정을 동반한 것이 아니었고, 따라서 일본의 동의를 이끌어 내는데 효과적이지 않았다.

셋째, 북송협상에 대한 일본 국내정세라는 변수이다. 북송에 대한 일본 국내의 광범위한 지지는 일본정부가 각의양해를 단행하게 한 중요한 배경이었다. 북송협상의 전개과정에서도 국내여론이 일본 대표단의 협상전략에 중요한 변수로 작용하고 있었다. 북한도 일본의 국내정세를 적극적으로 협상에 활용했다. 특히 북송협정 조인 후 발생한 북송희망자 신청 보이콧의 사례는, 조총련과 일조협회의 배후에 있던 북한의 대일 인민외교 네트워크가 위력적이었음을 보여준다. 물론 북한의 전략을 과대평가할 필요는 없다. 북한의 대일 인민외교에서 재일한인은 대일접근의 동원수단에 불과했다. 한일회담의 저지와 북일 국교정상화라는 대일 인민외교의 목표 또한 달성하지 못했다. 다만 대일 인민외교에 근거한 북한의 재일한인 정책의 일관성과 처우개선의 구체적 실행은 한국의 대일정책에 결여된 것들이었다.

따라서 북송저지의 실패원인은 협상전략의 문제만으로는 설명할 수 없다. 북한의 대일 인민외교에 대한 평가와 더불어, 한국의 대일정책 또한 직시해야 한다. 한국전쟁을 경과하던 시기, 한국정부에게 재일한인들은 이념과 국적을 기준으로 한 선별의 대상이었다. 재일한인 사회 전체가 포섭의 대상이 된 것은 북송문제가 대두되면서 부터이다. 하지만 북송저지에 실패한 후 조선적 재일한인은 또 다시 한국 국민에서 배제되었다. 이러한 정책기조 변화에는 분단논리(포섭)와 냉전논리(선별)가 교차하고 있었다. 일관성을 결여한 북송저지의 논거, 즉 국민주권수호라는 한국의 의제는 재일한인에게도 정당성을 획득하기 어려웠다. 절대

다수였던 조선적 소유자의 시선에서는 기민(棄民)정책으로까지 비추어졌다. 재일한인들이 북송을 선택하고 지지한 것은 그들이 반드시 공산주의자였기 때문만이 아니었다.

북송문제는 향후의 북일관계를 전망하는데도 중요한 고려 사안이 되고 있다. 북송 일본인 배우자의 본국 유턴은 소규모 이지만 잠재적으로 집단적 귀국의 재현을 가능하게 하기 때문이다. 일본정부는 북한에 대한 독자적 대북 제재의 일환으로 만경봉호의 입항금지조치를 취하고 있지만, 2014년 스톡홀름 합의 당시 일본인 배우자와 그 가족들의 도항수단으로 만경봉호가 활용될 가능성이 거론되었다. 물론 북송문제가 북일관계에 어느 정도 의미 있는 변수가 될지는 미지수이다. 하지만 북한과 일본 사이의 '사람의 이동'은 인도주의를 넘어 국가 간 관계의 질적 변화를 초래하는 외교문제가 될 수 있다. 향후 납치문제와 더불어 북송문제를 계기로 북일 국교정상화 교섭이 재개할 가능성은 상존한다. 이는 반드시 한일 공조 하에 이루어져야만 한다. 1959년 만이 아니라 현시점에도, 북일관계에 대한 한국의 적극적 개입이 필요하다.

참고문헌

❖ 연구 사료

(한국외교부 외교문서)

B - 0001, 분류번호 704.1, 등록번호 6. 외무부의 경무대 보고문서, 1958년 7월-12월.

B - 0001, 분류번호 704.1, 등록번호 8. 외무부의 경무대 보고문서, 1959년 1월-5월.

B - 0001, 분류번호 704.1, 등록번호 9. 외무부의 경무대 보고문서, 1959년 6월-12월.

P - 0001, 분류번호 791.31, 등록번호 448. 재외국민 보호 1957-59.

D - 0001, 분류번호 725.1JA, 등록번호 134.일본의 북한 접근에 대한 항의.

P - 0001, 분류번호 791.25, 등록번호 447. 일본적십자사와 북한적십자사간의 재일조선인 귀환협정(Calcutta협정) 1959.8.13: 1959.

C1 - 0004, 분류번호 723.1JA, 등록번호 706. 제4차 한일회담 교섭 및 훈령1958-60.

C1-0004, 분류번호 723.1JA, 등록번호 713. 제5차 한일회담 예비회담 본회의 회의록 및 사전교섭, 비공식 회담보고.

C1 - 0010, 분류번호 723.1JA, 등록번호 767. 재일한인 북한송환 및 한일양국억류자 상호석방관계철 1955-60, V.3 재일한인 북한 송환 1959.9-60.1.

C1 - 0010, 분류번호 723.1JA, 등록번호 768. 재일한인 북한송환 및 한일양국억류자 상호석방관계철1955-60, V.4 북송저지를 위한Geneva 대표부의 활동)1956-60.

C1-0011, 분류번호 723.1JA, 등록번호 771 재일한인 북한송환 및 한일양국억류자 상호석방관계철 V.7북송관계참고자료 1955-60.

C1 - 0011, 분류번호 723.1JA, 등록번호 773. 재일한인 북한송환 및 한일양국억류자 상호석방관계철1955-60, V.9오무라 수용소에 수용중인 일본 밀입국 한국인의 강제송환 및 나포 일어선 추방에 관한 건 1955-60.

(일본외무성 외교문서)

1. 外交記録公開文書

分類番号 0120 2001-00988. 日朝関係 (昭和30年10月~同43年7月).

2. 行政文書開示請求よる外交文書

(1) 北朝鮮関連領事事務

開示請求番号2004-00637, 文書番号1. 在日朝鮮人の帰国問題はなぜ人道問題であり,
　　　緊急処理を要するのか?─日赤理事会の決議について.

開示請求番号2004-00637, 文書番号4. 閣僚了解(案)他.

開示請求番号2004-00637, 文書番号6. Documents on Repatriation of Korean in
　　　Japan.

開示請求番号2004-00637, 文書番号7. 北朝鮮帰還問題に関する韓国側の主張に対す
　　　る反駁(試案).

開示請求番号2004-00637, 文書番号8. 在日朝鮮人の北鮮帰還に関する日赤と赤十字
　　　国際委員会との往復文書.

開示請求番号2004-00637, 文書番号10. ソ連赤十字社との往復書簡.

開示請求番号2004-00637, 文書番号17. 日本赤十字社と朝鮮民主主義人民共和国赤
　　　十字との間における在日朝鮮人の帰還に関する協定 他5文書.

開示請求番号2004-00635, 文書番号18. 北鮮帰還クロノロジー.

(2) 日韓会談文書

日韓会談文書(第5次開示), 文書番号866.

日韓会談文書(第5次開示), 文書番号1146.

日韓会談文書(第6次開示), 文書番号911.

日韓会談文書(第6次開示), 文書番号1845.

日韓会談文書(第6次開示), 文書番号1855.

(일본 정부 및 국회·일본적십자사)

外務省情報文化局 1956『現下の重要外交問題』.

厚生省援護局 1963『続々·引揚援護の記録』.

厚生省援護局, 1978『引揚げと援護三十年の歩み』.

『第22回国会参議院本会議会議録』第26号, 1955. 6.22.

『第24回国会衆議院予算委員会会議録』第7号, 1956. 2.10.

『第24回国会衆議院大蔵委員会会議録』第15号, 1956. 3. 8.

『第37回国会衆議院本会議会議録』第6号, 1960.12.12.

『第48回国会衆議院議員外務委員会会議録』第2号, 1965. 2.24.

日本赤十字社. 1956.『在日朝鮮人の生活の実態』未完

日本赤十字社. 1956.『在日朝鮮人帰国問題の真相』(稿訂再販)未完

日本赤十字社. 1972.『日本赤十字史稿－昭和21年~昭和30年』第6巻.

日本赤十字社. 1986.『日本赤十字史稿－昭和31年~昭和40年』第7巻.

(미국 National Archives)

Record Group 84,

Korea, Seoul Embassy, Classified General Records, 1956-1963.

Korea, Seoul Embassy, Classified General Records, 1956‑1958.

Korea, Seoul Embassy, Classified General Records, 1959.

(국제적십자위원회 ICRC Archives)

File no. B AG 232 105-Japon-1953-1968.

(※ 이하 문서명은 불어의 한국어 역)

B AG 232 105-002. 재일한인 북송문제, 자료 I : 총론(27/02/1953-11/10/1957).

B AG 232 105-007 재일한인 북송문제 자료VI: 일본적십자사와 조선민주주의인민공화
국적십자회 사이에 체결된 1959년 6월 24일 자 협정(29/01/1959-13/08/1959).

B AG 232 105-009.01. 재일한인 북송문제, 자료VIII, 제1장(12/01/1959-10/03/1959).

B AG 232 105-011.03. 재일한인 북송문제 자료X: 재일한인 북송문제와 관련해 ICRC
일본지원 결정, 일본적십자사에 보고된 기록, 토론 제안서, 답변서(03/07/1959-
12/08/1959).

B AG 232 105-014. 재일한인 북송문제, 자료XII: ICRC대표 쥬노 박사의 보고서
(28/08/1959-06/10/1959).

B AG 232 105-020. 재일한인의 조선민주주의인민공화국으로의 송환에 대한 반대 및
항의, 그리고 이 문제에 관한 일본적십자사 및 일본정부 비판 (13/02/1959-
30/08/1960).

(구소련 외무성 문서)

ABΠ PФ ф.0102 (AVPRF. f.0102).

(※ 이하 문서명은 러시아어의 한국어 역)

AVPRF, f.0102, op.12, p.68, d3. 조선민주주의인민공화국주재 소련대사 A.M.푸자노
프 일지(1960년 4월 12일-4월 27일).

AVPRF, f.0102, op.13, p.72, d5. 조선민주주의인민공화국주재 소련대사의 일지와 대
담기록(1957년 4월 13일-12월 17일).

AVPRF, f.0102, op.14, p.75, d8. 조선민주주의인민공화국주재 소련대사관 직원과의
대담기록 제1권(1957년 12월 28일-1958년 8월 21일).

AVPRF, f.0102, op.14, p.75, d3. 조선민주주의인민공화국주재 소련대사관 직원과의
대담기록(1958년 8월 21일-12월 31일).

AVPRF, f.0102, op.14, p.75, d5. 극동과 직원들과 모스크바주재 조선민주주의인민공
화국대사들과의 대담기록(1958년 1월 16일-12월 24일).

AVPRF, f.0102, op.14, p.75, d7. 조선민주주의인민공화국주재 소련대사의 일지와 대
　　담기록(1958년 9월 30일-1959년 1월 5일).

AVPRF, f.0102, op.15, p.81, d7. 조선민주주의인민공화국주재 소련대사의 일지와 대
　　담기록(1959년 1월 2일-12월 19일).

(회상·기록)

김동조,『회상30년 한일회담』, 중앙일보사, 1986.

高木武三郎(다카기 부사부로),『帰還問題覚え書』, 東洋館出版社, 1970.

森田芳夫(모리타 요시오),『朝鮮終戦の記録―米ソ両軍の進駐と日本人の引揚』, 巖南
　　堂, 1964.

朴正功(박정공),『大村収容所』, 京都大学出版会, 1969.

吉留路樹(요시토메 미치키), 1977,『大村朝鮮人収容所』, 二月社.

本田忠尚(혼다 다다히사),「ためらう赤十字国際委 北朝鮮帰還マラソン交渉のすべて」,
　　『世界週報』時事通信社, 7月28日号, 1959.

(사료집·자료집)

박태호,『조선민주주의 인민공화국 대외관계사』(평양: 사회과학출판사, 1985).

姜徹(강철)編,『在日韓国朝鮮人史総合年表―在日同胞120年史』, 雄山閣, 2002.

茂田 宏·末澤昌二(시게타 히로시·스에자와 쇼지)編,『日ソ基本文書·資料集』, 世界の動
　　き社, 1988.

日本社会党本部(일본사회당본부)編,『第20回定期党大会決定集―社会党の新路線』,
　　日本社会党, 1961.

外国文出版社(외국어출판사)編,『祖国は待っている―在日同胞の帰国問題にかんする
　　文献』, 外国文出版社, 1959.

在日本朝鮮人総連合会中央委員会(재일본조선인총연합회 중앙위원회)編,『在日本朝
　　鮮人総連合会結成大会決定集』, 在日本朝鮮人総連合会, 1955.

在日本朝鮮人総連合会中央委員会(재일본조선인총연합회 중앙위원회)編,『第四次全体大会報告 및 決定集』, 在日本朝鮮人総連合会, 1958.

在日本朝鮮人総連合会中央委員会編(재일본조선인총연합회 중앙위원회),『제五次 전체대회 결정서』, 在日本朝鮮人総連合会, 1959.

(정기간행물)

『로동신문』,『조선민보』,『日本と朝鮮』,『朝鮮総連』,『前衛』,『朝日新聞』,『東京新聞』.

❖ 연구논저

김영순, "일본정부의 북한귀국사업에 관한 일고찰,"『인문논총』제7집(서울: 건국대학교 인문학연구소, 2002).

노기영, "민단의 본국지향노선과 한일교섭," 국민대학교 일본학연구소 편,『외교문서 공개와 한일회담의 재조명 2: 의제로 본 한일회담』(서울: 도서출판 선인, 2010).

박정진, "북일냉전, 1950~1973: 전후처리의 분단구조,"『일본비평』22호, 2020.

박진희,『한일회담 제1공화국의 대일정책과 한일회담 전개과정』(서울: 도서출판 선인, 2008).

신정화,『일본의 대북정책1945-1992』(서울: 오름, 2004).

서중석, "이승만대통령의 반일운동과 한국민주주의,"『인문과학』제30집, 2000.

이현진, "1950년대 후반 북송문제에 대한 한·미·일의 인식과 대응,"『일본연구』제44호, 2010.

조정남·유호열·한만길,『북한의 재외동포정책』(서울: 집문당, 2002).

菊池義晃(기구치 요시아키),『北朝鮮帰国事業の研究―冷戦下の「移民的帰還」と日朝·日韓関係』(東京: 明石書店, 2020).

高希麗(고희려), "朝鮮籍在日朝鮮人「国籍」とは," 李里花,『朝鮮籍とは何か―トランスナショナルの視点から』(東京: 明石書店, 2021).

高崎宗司(다카사키 쇼지), "帰国問題の経過と背景," 高崎宗司·朴正鎮編著,『帰国運動とは何だったのか―封印された日朝関係史』(東京: 平凡社, 2005).

外村大(도노무라 마사루),『在日朝鮮人社会の歴史的研究-形成·構造·変容』(東京: 録蔭書房, 2004).

松浦正伸(마츠우라 마사노부),『北朝鮮帰国事業の政治学: 在日朝鮮人大量帰国の要因を探る』(東京: 明石書店, 2022).

閔智焄(민지훈),『韓国政府の在日コリアン政策 包摂と排除のはさまで 1945-1960』, クレイン, 2019.

朴正鎮(박정진),『日朝冷戦構造の誕生 1945-65』(東京: 平凡社, 2012).

吉澤文寿(요시자와 후미토시),『戦後日韓関係─国交正常化交渉をめぐって』(東京: クレイン, 2005.

崔紗華(최사화), "朝鮮籍の制度的存在と書具問題 日本政府による韓国の限定承認と在日朝鮮人問題への適用," 李里花,『朝鮮籍とは何か─トランスナショナルの視点から』(東京: 明石書店, 2021).

テッサ·モーリス─スズキ(테사 모리스 스즈키)『北朝鮮へのエクソダス「帰国事業」の影をたどる』(東京: 朝日新聞社, 2007).

부록

자료목록 및 해제
연표
찾아보기

자료목록 및 해제

[자료 1] Telegram of Mr. Shimadzu, President, Japanese Red Cross Society, 1954. 1. 6, 日本外務省文書, 開示請求番号2004-00637, 文書番号6.

일본적십자사 시마즈 다다쓰구 사장이 1954년 1월 북한의 조선적십자 중앙위원회 앞으로 보낸 최초의 전문. 전문은 ICRC를 경유해 북한 측에 전달되었다. 주요 내용은 북한잔류일본인의 인양에 협조를 요청하는 것이었지만, 동시에 재일한인의 북송에 협력할 의향이 있다는 점도 분명히 밝히고 있었다. 이 전문은 일본정부 내 북송 추진 움직임이 일본적십자사를 통해 처음으로 수면위로 드러난 문서이다.

[자료 2] Letter from Shimazu to Boissier, 1955. 12. 13, ICRC Archives, file no. B AG 232 105-002.

일본적십자사 시마즈 사장이 1955년 12월 보아쉐(Leopold Boissier)ICRC위원장에게 재일한인 북송문제에 ICRC의 개입을 처음으로 공식 요청한 전문. 전문은 재일한인의 북송이 실현되지 못하는 이유가 한국정부의 강한 반대이며, 따라서 ICRC의 개입이 반드시 필요하다고 호소하고 있었다. 이후 ICRC는 조사단을 파견했고, 북송희망 재일한인들을 목격하게 된다. ICRC가 이들의 북송을 지원하면서 북송문제는 국제적 이슈가 되어간다.

[자료 3] Note Verbale, from the Korean Mission to the Japanese Ministry of Foreign Affairs, 1955. 12. 23, 한국외무부문서, 필름번호D-0001, 분류번호 725.1JA, 등록번호 134

북한잔류일본인 인양협상을 위한 일본 대표단의 평양 파견 결정에 대해, 1955년 12월 김용식 주일공사가 일본정부에 보낸 항의 구상서. 구상서에서는 북한과의 모든 공식 교섭에 반대 입장을 분명히 하고 있다. 특히 일본 대표단에 친북단

체인 일조협회 관련자가 포함된 점에 대해 극도로 정치적인 행위라며 비판하고
있다. 일본 대표단에게는 최초로 북한 행 여권이 발급되었다. 일본정부가 정치적
실체로서의 '북조선'을 인정하는 조치였다.

[자료 4] Telegram form Dowling to Noel Hemmendinge, 1956. 8. 21, RG
84, Korea, Seoul Embassy, Classified General Records, 1956-58.

최초의 재일한인 북송희망자 문제와 관련해 1956년 8월 다울링(Walter C. Dowling)
주한미대사가 노엘(Noel Hemmendinger) 국무성 극동국 북동아시아 차장에게 보낸
보고 전문. 여기서 다울링 대사는 이 문제에 대해 사실상 "할 수 있는 일이 없다"
는 입장을 보이고 있다. 미국은 중국을 상대로 자국민의 인양을 실행한 경험이
있었다. 따라서 이 문제에 개입하는 것은 미국의 외교정책 실행에 있어 모순을
초래할 수 있었다.

[자료 5] ICRC Memorandum, 1957. 2.26; reprinted as Annex 1 of Aide-
Memoire by J-P Maunoir "Rapatriement des Coréens du Japon en Corée
du Nord", ICRC Archives, file no. B AG 232 105-007.

ICRC가 재일한인 북송문제와 관련한 현지 조사 후 1957년 2월 한국, 일본, 북한
에 보낸 각서. 각서에서 ICRC는 기술적 지원과 배선 등 ICRC의 책임소재를 분명
히 하고, 송환 및 영접과 관련한 국가 별 역할을 구체적으로 제시했다. 그리고 관
련 국가 정부가 동의한다면 일본에 파견단을 보낼 의향이 있음을 밝혔다. 당시
ICRC각서는 한국의 반대로 실행에 옮겨지지는 않지만, ICRC의 의도와는 무관
하게 이후 대규모 북송사업의 가이드라인이 된다.

[자료 6] 조선민주주의인민공화국 주재 소련대사관 참사관 V.I. 페리쉔코와 조선민주주의인민공화국 수상 김일성동지와의 대담기록(1958. 7. 14, 7. 15), AVPRF, f.0102, op.14, p.75, d8.

김일성이 1958년 7월 소련 대사관 측에 대규모 새일한인 북송계획을 처음으로 통보하는 내용의 대담기록. 당시 푸자노프(A. M. Puzanov) 대사는 러시아 체류 중으로 페리쉔코(V. I. Pelishenko) 참사가 대담에 임했다. 이 대담은 오무라 수용자들의 가석방조치에 대한 남일 외상의 항의성명이 있은 직후에 이루어진 것이다. 이후 소련주재 북한 대사관 리신팔과 소련 외무성 극동과를 경유하면서 소련의 대일 외교망이 가동하기 시작한다.

[자료 7] 조선민주주의인민공화국 주재 소련대사관 참사관 V.I. 페리쉔코와 조선민주주의인민공화국 수상 김일성동지와의 대담기록(1958. 8. 12), AVPRF, f.0102, op.14, p.75, d8.

김일성이 1958년 8월 소련 대사관 측에 북송 사업 추진과 관련한 진행사항을 전달한 대담기록. 당시에는 재일한인의 집단적 귀국결의를 시작으로 조총련 운동노선이 대규모 귀국운동으로 급변하고 있었다. 대담에서 김일성은 이와 관련한 사전작업을 조선로동당중앙위원회 연락부의 독자루트를 통해 진행시켰음을 밝혔다. 그리고 재일한인의 자발적인 북송요구를 북한정부가 수용하는 형태로 북송사업을 추진한다는 계획을 드러냈다.

[자료 8] 「閣議了解案參考資料(非公表)」, 1959. 2. 5, 日本外務省文書, 開示請求番号 2004-00637, 文書番号4.

일본정부의 협상전략의 개요가 확인되는 각의양해의 참조자료. 각의양해의 초안 작성과정에서는 북한이 직접적인 교섭을 주장할 경우 이를 거부한다는 입장이었다. 이 것이 각의양해가 확정된 시점에서는 ICRC, 일적, 조적의 3자회담을 진행시키는 방안도 고려하는 것으로 수정되었다. 즉 3자회담 방식은 일본 측의 최종적인 양보선이었고, 이를 위해 회담의 장소로 제네바를 고집한다는 것이 기본 방침이었다.

[자료 9] 「北鮮帰国問題関係問題点」, 1959. 2. 11, 日本外務省文書, 開示請求番号 2004-00637, 文書番号4.

일본정부가 1952년 2월 각의양해의 형식을 통해 북송사업을 추진한 이유를 확인할 수 있는 문서. 여기서는 첫째, 일본정부에 의한 송환이 아니라는 표면상의 이유. 둘째 한국에 대한 정치적 고려. 셋째, 항해의 안도보장 등을 들고 있었다. 한국 측에 설명할 때에는 송환이 아니라 임의귀국이라고 설명한다는 방침이었다. 그리고 일본정부가 필요한 재정을 부담하지만 각의양해의 내용 안에는 명기하지도, 발표하지도 않도록 하고 있었다.

[자료 10] 「閣議了解に至るまでの内部事情」, 1959. 2. 13, 日本外務省文書, 開示請求番号2004-00637, 文書番号4.

일본정부가 1959년 2월 북송사업에 대한 각의양해를 결정하게 된 구체적인 이유를 기록한 문서. 이 문서에 의하면 재일한인들은 높은 범죄율로 치안상의 부담이며, 대부분의 생활보호대상자로 재정상의 부담이라는 점이 북송사업 추진의 이유로 적시되어 있다. 한국의 북송반대로 중단된 한일회담에 대해서는 오히려 재일한인문제라는 "최대한의 장애를 제거해 홀가분한 마음(クリーンハンド; Clean Hand)'으로 임한다"는 전략이었다.

[자료 11] 「井上外事部長打合要領」, 1959. 2. 19, 日本外務省文書, 開示請求番号 2004-00637, 文書番号8.

이노우에 마스터로(井上益太郎) 일본적십자사 외사부장에 지시된 ICRC와의 교섭 매뉴얼이 담긴 문서. 각의양해 이후 일본정부는 이노우에를 제네바에 파견했다. 당시 이노우에의 임무는 ICRC가 북송협상에 주체로 참여하도록 설득하는 것이었다. 문서에서는 ICRC 측에 가능한 단기간 내에 효율적으로 북송을 완료시킬 것임을 어필하도록 하고 있다. 북송사업 조기완료가 일본정부의 기본방침이었음이 확인된다.

[자료 12] Report on Conversation with Ambassador Dowling, from Vice Minister of Foreign Affairs to His Excellency the President, 1959. 3. 16, 한국외무부 문서, 파일번호 B-0001, 분류번호 704.1, 등록번호 8.

1959년 3월 다울링 대사가 김동조 외부차관에게 제시한 중재안이 담긴 보고문서. 한국의 제네바 외교로 ICRC가 일본의 요청을 거부할 가능성이 높다고 판단한 미국은 다울링 대사를 통해 한국이 한일회담 재개성명을 발표하도록 제안했다. 이 중재안은 북송협정이 무산된 책임을 일본이 아닌 북한으로 돌리기 위한 것이었다. 기시내각의 외교적 실패는 미국의 입장에서 일본과의 안보조약 협상 일정에 장애가 될 수 있었다.

[자료 13] Telegram form Dulles to Bankok, Saigon, Tokyo, Seoul, 1959. 3. 18, RG 84, Korea, Seoul Embassy, Classified General Records.

1959년 3월 덜레스(John Foster Dulles) 국무장관이 방콕과 사이공, 도쿄와 서울의 대사관에 하달한 전문. 당시 베트남은 태국과의 난민 송환교섭에서 ICRC의 배제를 주장하고 있었다. 미국은 태국과 일본의 상황이 유사하다고 판단하고 ICRC를 배제한 북일 양자회담에 반대하는 입장을 분명히 하고 있다. 미 국무부는 북한의 협상전략이 공산주의 진영 전체의 전술로서 파악하고 있었음을 알 수 있다.

[자료 14] Telegram from Shimazu to Pak Ki Ho, 1959. 3. 20, 日本外務省文書, 開示請求番号2004-00637, 文書番号4.

일본 대표단이 1959년 3월 북한과의 양자회담을 제안하는 내용을 담은 전문. 북송협정에 ICRC의 개입을 저지시키는 것에 성공했다고 판단한 한국의 대표단이 제네바에서 철수하기 시작한 시점이었다. 전문에서는 일본 대표단이 ICRC를 제외한 북한과의 양자회담 방식으로 협상전략을 전면 수정함으로서 한국의 제네바 외교를 무력화시키고자 하고 있음이 확인된다.

[**자료 15**] Ministry's Action for His Excellency's Approval(Reference: KP. O/248), 1959. 7. 20, 한국외무부 문서, 파일번호 C1-0004, 분류번호 723.1JA, 등록번호 706.

1959년 7월 북송저지를 위한 새로운 전략을 담은 한국정부 훈령. 이에 앞서 6월 10일 북송협정 안은 타결되었지만 일본 측이 ICRC에 의한 승인절차를 요구함에 따라 최종조인이 불투명해지고 있었다. 훈령의 요지는 한국이 재일한인을 한국에 집단적으로 귀국시킬 의사가 있음을 일본정부와 ICRC 측에 시급히 전하라는 것이었다. 북일 간 북송협정 초안을 대신해 한일 간에도 귀국협정의 채결을 추진함으로서 반격을 시도한 것이다. 하지만 이 시도는 실패로 귀결된다.

January 6, 1954

LT DEROUGE LICROSS GENEVA

WE ARE TRYING TO GET IN TOUCH WITH RED CROSS OF PEOPLES
REPUBLIC OF KOREA CONCERNING PROBLEM REPATRIATION OF JAPA-
NESE IN SAID REPUBLIC AND KOREANS IN JAPAN BUT NEITHER
TELEGRAPHIC COMMUNICATIONS NOR MAIL FACILITIES ARE AVAILABLE
BETWEEN JAPAN AND SAID REPUBLIC SO WE SHOULD BE MOST
OBLIGED IF YOU COULD TRANSMIT IN OUR BEHALF FOLLOWING
TELEGRAM TO RED CROSS PEOPLES REPUBLIC KOREA IN PYONGYANG
QUOTE SINCE END OF WORLD WAR SECOND JAPANESE RED CROSS
HAS GRAVE CONCERN OVER FATE OF JAPANESE NATIONALS REMAIN-
ING IN PEOPLES REPUBLIC OF KOREA THEREFORE WE SHOULD BE
MOST GRATEFUL IF YOUR RED CROSS COULD GIVE US INFORMATION
AS FAR AS POSSIBLE ON THESE JAPANESE COMMA USE GOOD OFFICES
FOR ALLOWING THEM CORRESPOND WITH FAMILIES AND IF POSSIBLE
HELP THEIR REPATRIATION EARLY AS POSSIBLE STOP IF SUCH
REPATRIATION POSSIBLE JAPANESE RED CROSS IS WILLING TO
ASSIST YOUR NATIONALS IN JAPAN DESIROUS OF RETURNING YOUR
COUNTRY IN THEIR REPATRIATION STOP REPATRIATION WILL BE
CARRIED OUT BY SHIP STOP WE HAD BEEN STUDYING HERETOFORE
ABOUT GETTING CONTACT WITH YOUR RED CROSS ON REPATRIATION
PROBLEM AND WHEN OUR DELEGATION WAS IN MOSCOW LAST FALL

1

DR HOLODKOV PRESIDENT SOVIET RED CROSS KINDLY ADVISED GET
IN TOUGH DIRECTLY WITH YOU STOP MOST OBLIGED IF YOU COULD
GIVE US FAVOURABLE REPLY STOP JAPANESE RED CROSS TOKYO
INQUOTE SHIMADZU PRESIDENT JAPANCROSS

2

232 2. (76-172 M

✚

SOCIÉTÉ DE LA CROIX-ROUGE DU JAPON

5, Parc Shiba, Minato-ku
TOKIO

December 13, 1955

Ref: G-390-30

CONFIDENTIAL

Reference: G-387-30

Dear Mr. President,

        I have the honour to enclose herewith, for your information, a copy of English translation of a request (not a petition) presented to the Japanese Red Cross Society by Mr. Myung Dyong Tun, Chief of Social Section, Tokyo Branch Office of "the General League of the Koreans Residing in Japan." (North Korean Organ)

        As you can easily understand from what is mentioned in this request, we think this problem will surely be raised by the North Korean Red Cross Society on the occasion of the meeting to be held in Geneva.

        As for the repatriation to the North Korea of Koreans residing in Japan, in the case of individuals, they can go back to North Korea freely, but what is demanded in this request is the case of mass repatriation.

        In order to carry out such a mass repatriation without violating the stipulation of the armistice regarding the non increase of the fighting strength, we have to obtain the consent of the South Korea; and to obtain the consent of the South Korea, it appears that there is no other way but through the good offices of the ICRC.

        The Japanese side has no objection to and rather hopes that the repatriation of North Koreans in Japan be carried out, provided that it causes no trouble with the South Korea and that it is carried out not by the hands of the North Korean Red Cross but by the hands of your I.C.R.C.

        The Japanese Red Cross presumes that the South Korean side would make no objection to such repatriation, if the North Korean side consent to repatriate South Koreans detained in the North Korea to the South Korea.

Mr. Leopold Boissier
President
International Committee of the Red Cross
Geneva, Switzerland

4087

NOTE VERBALE

The Korean Mission in Japan presents its compliments to the Japanese Ministry of Foreign Affiars and with reference to a series of recent developments between Japan and north Korea, has the honor to make the following representation:

Since the early part of this year, a number of Japanese nationals including members of the Japanese Diet, correspondents and businessmen have frequently visited north Korea and made negotiations on various matters including commercial, cultural and fishing problems with the representatives of either north Korean communist regime or organizations sponsored by such regime. Some of the above-mentioned Japanese have reportedly concluded, with north Korean communists, various kinds of agreements which could not have been reached without the support of the governmental authorities of Japan.

According to the latest press reports, the Japanese Government has decided that it would authorize a few Japanese nationals including a member of the so-called Japan-Chosun Association (Nitcho Kyogai) to visit Pyongyang.

With regard to the developments as mentioned above, the Mission wishes to inform the Ministry that the Government of the Republic of Korea is seriously concerned about the Japanese attitude toward the north Korean puppet regime, since the Korean Governmont is opposed to any sort of negotiation between Japan and the north Korean communists. The Mission wishes to point out that any sort of agreement which has been made by Japanese with the Korean communists would be tantamount to the demonstration of utmost unfriendliness against the Republic of Korea, in view of the fact that no free nations of the world have ever entered into any relations with the north Korean communists. Furthermore, it goes without saying that such moves of Japanese nationals and tacit permission by the Japanese Government would create a most adverse effect upon the existing relations between the Republic of Korea and Japan.

CONFIDENTIAL

American Embassy,
Seoul, Korea,
August 21, 1956.

Dear John:

On August 4, 1956, Dr. Cho, Acting Minister of Foreign Affairs, sent me a letter (copy attached) requesting the assistance of the United States in bringing about an amicable settlement of the problem of the 48 Korean nationals in Japan who have been endeavoring to go to north Korea.

There is nothing we can do about the matter here, of course, and perhaps little more if anything that can be done in Tokyo. I do believe, however, that the departure of these Koreans from Japan to north Korea would only serve further to exacerbate the relationships between Japan and the ROK.

My reply to Dr. Cho (also attached) of course was non-committal.

Sincerely yours,

Walter Dowling
American Ambassador

Enclosures:
     As stated above.

The Honorable
     John M. Allison,
          American Ambassador,
               American Embassy,
                    Tokyo, Japan.

WJJones/mot

320.1 – ROK-JAPAN RELATIONS – 1956

[자료 5] ICRC Memorandum, 1957. 2.26; reprinted as Annex 1 of Aide-Memoire by J-P Maunoir "Rapatriement des Coréens du Japon en Corée du Nord", ICRC Archives, file no. B AG 232 105-007.

COMITE INTERNATIONAL

de la

CROIX-ROUGE

———

M E M O R A N D U M

I.   On December 12, 1956, the International Committee of the Red Cross (ICRC) sent a note to the Red Cross Societies of Japan, the Republic of Korea and the Democratic People's Republic of Korea, with regard to the situation of Koreans - residing in Japan or in Korea itself - who wished to find a home of their choice on Korean soil.

In that note the International Committee reminded the authorities responsible for the lot of these persons that their right of free choice must be respected and the position quickly regularized, and that only Governments have the power to authorise the movement of persons from one State to another.

II.   In response to this note the Red Cross Societies of Japan and the Democratic People's Republic of Korea requested the International Committee of the Red Cross to make suggestions and to take practical measures to give effect to the principles it has expressed.

The International Committee recalls that its previous communications of July 16, August 15 and December 12, 1956, concerned Korean nationals resident in Japan or in Korea itself, but gathers that the standpoints adopted, at least those which have been brought to its knowledge so far, would enable practical effect to be given to a part only of the operation first planned, i.e. the repatriation of Koreans resident in Japan who wish to be repatriated to Kerea.

III.   The International Committee of the Red Cross therefore submits the following plan to the Red Cross Societies and governmental authorities concerned :

1.

1¼

destination named by them, shall be the responsibility
of that Society and those authorities on the arrival of
the repatriates on national soil or, in the event of
transit through a third country, as soon as they arrive
in that country.

8. The cost of the repatriation operations shall be borne
by the Red Cross Societies of the country of present
residence and the country of destination, on the basis
of 50% for each party concerned.

IV. The International Committee of the Red Cross would be grate-
ful if the Red Cross Societies of Japan, the Republic of
Korea and the Democratic People's Republic of Korea would
inform it, as rapidly as possible, of their opinion and that
of their national authorities concerning the technical sug-
gestions made under items 1 to 8 above.

V. In conclusion, the International Committee of the Red Cross
wished to emphasize that it will continue to interest itself
in the question of Korean nationals resident in Korea itself
and who might wish to change their residence; this question
has also been dealt with in its previous communications, and
reference is made to it in the second paragraph of item II
of this memorandum.

Geneva, February 26, 1957

16

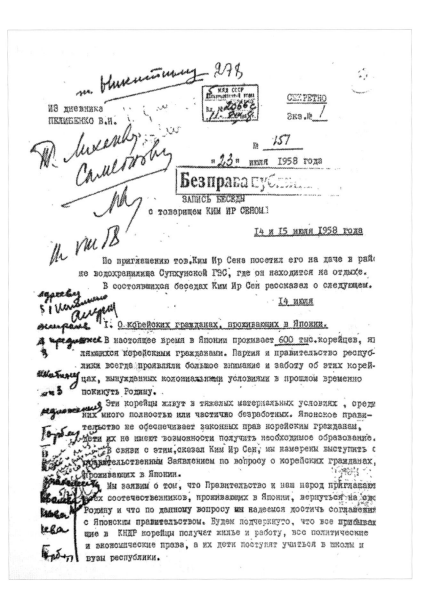

2.

Если ранее, в 1955 году, продолжал Ким Ир Сен, мы в Заявлении МИД КНДР по вопросу о корейских гражданах, проживающих в Японии, на первый план выдвигали перед японским правительством требование обеспечить нормальные условия жизни и демократические национальные права этим корейцам, то теперь главным является вернуть всех их в КНДР. Еще 2-3 года тому назад наше экономическое положение не позволяло ставить вопрос о том, чтобы примерно сто тысяч семей корейцев, живущих в Японии, вернуть в КНДР, дать им жилье и работу. В настоящее время нам под силу в течение определенного срока предоставить этим семьям работу и сто тысяч квартир.

Мы могли бы предоставить им работу на жилищном и промышленном строительстве в Пхеньяне и провинциях, где ощущается недостаток рабочей силы в промышленности, и прежде всего в угольной, а также в нашем сельском хозяйстве.

Мы учитываем, добавил Ким Ир Сен, что при таком массовом приеме корейского населения из Японии к нам могут заслать различные реакционные и шпионские элементы, но при правильной работе наших соответствующих органов этого мы бояться не должны.

В связи с изложенным, сказал Ким Ир Сен, мы просим ЦК КПСС и Советское правительство высказать нам свое мнение и сделать возможные замечания и пожелания по этой большой и важной для нас проблеме. Мы имеем в виду по этому вопросу посоветоваться также с китайскими товарищами.

Далее, мы просим МИД СССР через свои каналы в Японии оказать нам помощь в получении соответствующей информации о положении корейской колонии в Японии, ее настроениях в пользу возвращения в КНДР, о возможной позиции правительственных кругов и общественности Японии в связи с вопросом о возвращении в КНДР корейских граждан.

ЦК ТПК и Правительство КНДР надеются на широкую поддержку со стороны Советского Союза и всех стран социалистического лагеря Правительственного заявления КНДР по вопросу возвращения корейцев из Японии.

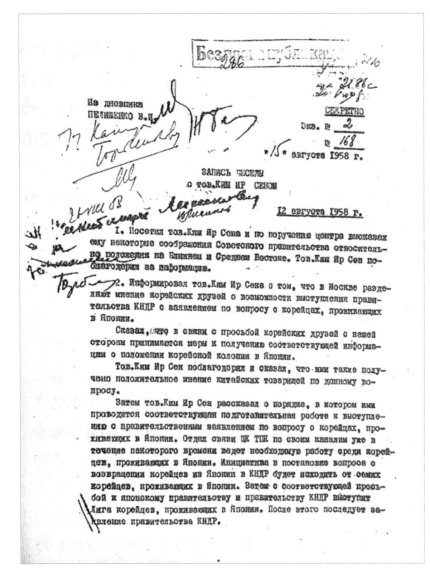

[자료 8] 「閣議了解案参考資料(非公表)」, 1959. 2. 5, 日本外務省文書, 開示請求番号2004-00637, 文書番号4.

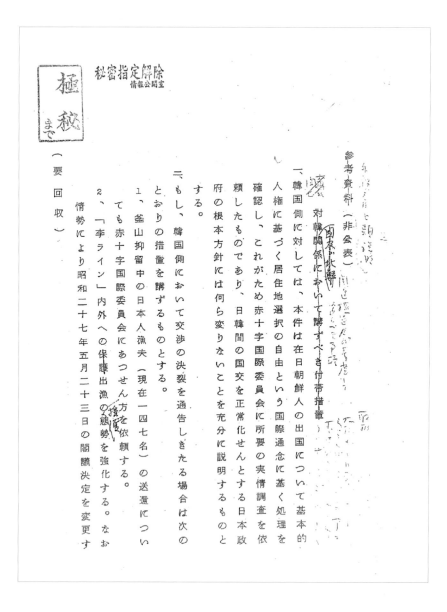

秘密指定解除
情報公開室

極秘
まで

（要回収）

参考資料（非会表）

対韓関係において講ずべき付帯措置

一、韓国側に対しては、本件は在日朝鮮人の出国について基本的人権に基づく居住地選択の自由という国際通念に基づく処理を確認し、これがため赤十字国際委員会に所要の実情調査を依頼したものであり、日韓間の国交を正常化せんとする日本政府の根本方針には何ら変りないことを充分に説明するものとする。

二、もし、韓国側において交渉の決裂を通告しきたる場合は次のとおりの措置を講ずるものとする。
1、釜山抑留中の日本人漁夫（現在一四七名）の送還について赤十字国際委員会にあっせん方を依頼する。
2、「李ライン」内外への保護出漁の態勢を強化する。なお情勢により昭和二十七年五月二十三日の閣議決定を変更す

ることを検討する。

3、情勢により李ライン問題（抑留漁夫問題を含む）の国連提訴方を考慮する。

三、北鮮側が本件処理につき赤十字国際委員会の協力を求め、北鮮政府又は同赤十字により直接交渉を日本側に認めさせようと策謀してきた場合はこれを緩距する態度を堅持するものとする。

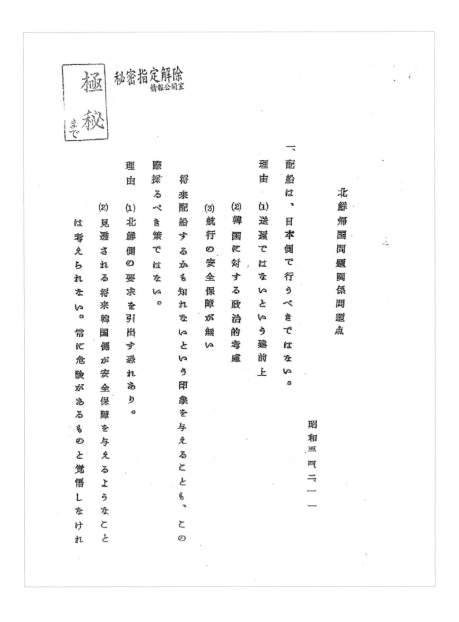

秘密指定解除
情報公開室

極秘
まで

北鮮帰国問題関係問題点

昭和三四二一一

一、配船は、日本側で行うべきではない。

理由
（1）送還ではないという建前上
（2）韓国に対する政治的考慮
（3）航行の安全保障が無い

将来配船するかも知れないという印象を与えることも、この際採るべき策ではない。

理由
（1）北鮮側の要求を引出す恐れあり。
（2）見透される将来韓国側が安全保障を与えるようなことは考えられない。常に危険があるものと覚悟しなけれ

ばならない。

(3) 配船があるまでは乗船地に帰国者を集結せしめないから、彼等が乗船地で船がないといつて騒ぐようなことはない。

若し将来どうしても日本船を出す必要を生じ、且つ絶対に安全が保障されるようになつた時は、閣議了解を変更すればよい。

二、船舶の安全保障を取付けることも、また、安全の見透しを責任をもつて立てることも、外務省は引受けるとは出来ない。そもそもこれは建前上日本政府の責任事項ではない。又それがなされるまで厚生省が帰還関係の事務を何も始めないというようなことは承服し得ない。

ただ、実際問題として、船舶の安全は重要事項であるから、最も安全な輸送方法がとられるよう国際赤十字委員会に対して助言したり、又韓国が無思慮な行動に出ないよう説得方を米国に依頼するようなことは出来る。

送り出す段階になつて万一どうしても安全な輸送が不可能といふ見透しになつた際には、北鮮側も断念するであろうし、日本側としても送り出し作業を差控えればよい。

三 日本側は、日本の国内において人道的見地から必要とする便宜供与のみを行うこと及び政府が所要の財政措置をとることは、関係各省の意見が一致しているが、これは政府部内の腹構えとしておき、特に「閣議了解」の中に入れず、発表もしない。

四、国際赤十字委員会に対する最初の依頼電報は簡単なものとし、実施方法、条件等の詳細は、日赤代表と赤十字国際委員会代表との会談で打合わさせる。

五、内閣官房長官談にニュース・ヴァリューを与えるため、その案文は、次官会議の議題外とし、閣議決定後までもれないようにする。

六、韓国代表部に対する懇切な説明ぶり及び対外啓発宣伝方については、外務省で充分準備してある。

（「送還」といわず、「任意帰国」ということを強調すべきである。）

2. 3 `宛状3ほ字
（案）に添うされた
もの。

秘密指定解除
情報公開室

極 秘

（別紙 2）

閣議了解に至るまでの内部事情

1. 総連を中心とする「集団帰国」運動の形に
おいて北鮮帰避問題がクローズアップされる
に及び治安上も本問題の早期処理を必要とす
る段階になるとともに、在日朝鮮人は犯罪率
が高く（人口1,000名に対し日本人の犯罪
率は0.5名であるのに対し、在日朝鮮人の場
合は3名で約6倍）、また生活保護を受けて
いるものが、19,000世帯81,000名に
及んでいる等の事実から（これに要する経費
年額17億円、うち国庫負担分約13億5千
万円、地方負担分3億5千万円）、本人が希
望するならば帰還させたいという声が中央、
地方の一般与論となり与党内でも圧倒的とな
つた。

2. 他面北鮮側及び国内左翼系政党、諸団体は
は政府が対韓考慮からたやすく帰還許可にふ
み切れないであろうとの予想の下に帰還運動

何等持参しなかつたのみならず本件帰還問題
についても、ただ主義上容認できないと主張
するのみでこれを解決する何等の対策も持ち
合わせていないことが確認された。

④ 日韓会談再開後、本件を実施すればかえつ
てリパーカッションが大きいので、むしろ会
談休会中の段階において最大の障害を除去し
て、クリーン・ハンドで将来の会談再開に臨
むのが適当であると考えた。

秘密指定解除
情報公開室

秘
まで

井上外事部長打合要領　　別紙 5

3 4 2 1 9

1. 確認の方法の大綱を打合せること。（試案
別紙）
　北鮮側による配船の見透しを得た上使節団
が来るように依頼すること。なお使節団来日
の具体的日取りは、当方準備の関係もあり、
おつて打合せること。

2. 日本側において配船を行わない理由を説明
すること。（理由別紙）

3. 航行の安全を確保する見地から海上の輸送
手段については赤十字国際委員会をして研究
せしめるとともに適当な方法をもつて北鮮側
による配船の具体的方法を打診すること。

4. 日本側の経費負担は日本国内において人道
的見地から必要と認められる便宜供与に要す
るものに限ることを説明すること。

5. 物的諸条件については日本側において決定
すべきものが多いと考えられるが目下検討中

であるので一応保留とすることを説明すること。

6. できる限り短期間内に効率的に帰還を完了することを目途とすることを説明すること。

REPUBLIC OF KOREA

048

MINISTRY OF FOREIGN AFFAIRS

March 16, 1959

TO   : His Excellency the President

FROM   : Vice-Minister of Foreign Affairs

SUBJECT   : Korea-Japan Relations: Report on Conversation
              with Ambassador Dowling and Recommendation on
              the Future Course of Negotiation with Japan

I. REPORT ON CONVERSATION WITH AMBASSADOR DOWLING

At his request Ambassador Dowling called on me at my office and held conversation with me for sixty minutes from 3:30 p.m., March 14, 1959. Mr. Dowling said that he was instructed by the Department of State to meet me concerning the problem of the Korea-Japan relations asking me to bring his representation to the attention of Your Excellency without delay.

The gist of the U.S. ambassador's remarks are summarized as follows:

1. This is high time for settling the Korea-Japan dispute over the problem of deportation of Korean residents in Japan, because both Korea and Japan are close allies of the United States and the free world.

2. If the International Committee of the Red Cross rejects the Japanese request, he asked whether the Korean Government would be ready to resume the discussion of the problem of legal status of Korean residents in Japan in the first place.

3. In case the ICRC rejects the Japanese request, Japanese Foreign Minister Fujiyama would be certainly placed in a difficult position, and at the same time, the Kishi Government would encounter a great difficulty in their own

080E

domestic politics. Accordingly, they will try to save their
face. If they fail to carry out their plan because of refusal
of the north Korean puppet regime to participate in the confer-
ence under the sponsorship of the ICRC, they would better
excuse their failure. But in case Japan fails to carry out
its original plan because of objection by the Republic of Korea,
they might face much awkward position in dealing with their
domestic situation (divergence of views). Such being his
observations and suggestions he further told me that if the
Korean Government comes out triumphantly exposing to the
public Japan's failure through propaganda, Japan would have
no other course than appealing to the United Nations for its
verdict. If the case be brought before the United Nations
forum, the so-called principle of freedom of choice of residence
would get support from a majority of the member nations includin
the United States, which cannot but stand for that principle
theoretically. In that case, Korea would placed in a very
embarrassing position.

  4. Under the circumstances, it is advisable that if
the ICRC rejects the Japanese request, the Korean Government
immediately issue a generous and smart statement in which it
would forget about the past problem of "mass deportation",
suggesting to have talks on legal status of Korean residents
in Japan. In this case, even if Mr. Fujiyama and others of
the Japanese political circles may voice objection to the
Korean suggestion, Mr. Kishi would rule over such dissident opin
accepting the Korean suggestion for talks.

III. RECOMMENDATION
  Under the circumstances, if the ICRC virtually gives up
its intentions to intervene in the problem or if Japan dis-
continues its efforts to bring the issue to any third party or
organization including the ICRC, it is recommended that we shoulc

take the opportunity of issuing a statement in the name of the
Foreign Minister by which we will suggest to the Japanese side
to discuss immediately on the legal status of Korean residents
in Japan. In making suggestion, we may be able to make a direct
representation with the Japanese Government. But at this stage
it is more advisable to do so in the form of a public statement
so that the world public opinion may be impressed as our
position is reasonable and conciliatory. In that case, the
gist of the statement will read as follows:

TELEGRAM

Foreign Service of the
United States of America

INCOMING

 CONFIDENTIAL   POLITICAL

Classification   Control:

Recd: March 19, 11 AM

FROM: SECSTATE WASHDC

PREC: ROUTINE

NR: 400

DATE: March 18, 1959

SENT BANGKOK 2102 RPTD INFO SAIGON 1495 SEOUL 400 TOKYO 1325

A. Bangkok's 2299 RPTD INFO Saigon 259

B. Tokyo's 1868 RPTD INFO Bangkok 32, Saigon 22, Seoul 174

If US expresses no objections Khoman's willingness accept meetings
between two Red Cross organizations "if essential" (Ref A),
Department wonders if this might be taken as tacit US consent
such course action. If you think this possible, request you
inform him US welcomes his statement to representative ICRC
(presumably International Committee Red Cross) that Thai Red
Cross not qualified discuss repatriation refugees. If you
think useful you may mention serious effect such meetings might
have in Japan. FYI Thai repatriation problem parallels Japanese-
Korean repatriation question analyzed CFR Issue No. 8 February
25. Direct negotiations between South and North Vietnam could
be interpreted by Japanese as precedent for similar negotiations
between Japan and North Korean regime. We have repeatedly taken
strong position with Japanese opposing direct negotiations with
NKRC outside ICRC auspices. END FYI.

1.ACTION
  POLIT
CENTRAL FILES

2.AMB/DCM

3.RF

4.CHRON

5.POLIT

March 19, 1959 11:45 AM afg

CONFIDENTIAL

Classification

POST ACTION COPY

UNLESS "UNCLASSIFIED" REPRODUCTION
FROM THIS COPY IS NOT AUTHORIZED

FORM FS-413
3-1-55

Army Admin Cen-Japan

[자료 14] Telegram from Shimazu to Pak Ki Ho, 1959. 3. 20, 日本外務省文書, 開示請求番号2004-00637, 文書番号4.

C O P Y

別紙 //

Mar. 20, 1959

MR PAK KIHO CHAIRMAN KOREACROSS PHYONGYANG

ACKNOWLEDGE RECEIPT YOUR TELEGRAM MARCH 15 STOP IN MY
TELEGRAM MARCH 11 ADDRESSED YOU CMA I EXPLAINED TRUE
INTENTIONS AND PURPOSES OF JAPANESE RED CROSS SOCIETY FOR
SEEKING COOPERATION OF ICRC BUT I REGRET LEARN THAT OUR
ACTUAL INTENTIONS PARTICULARLY MEANING OF CMA AND NECESSITY
FOR PROCEDURE WHICH WE REFER TO AS QUOTE CONFIRMATION OF
WILL OF KOREAN RESIDENTS BY ICRC UNQUTE HAVE NOT YET BEEN
RIGHTLY UNDERSTOOD BY YOUR SIDE STOP IT IS UNIVERSALLY
ACCEPTED PRINCIPLE THAT EVERY ONE SHOULD HAVE CMA AS
FUNDAMENTAL HUMAN RIGHTS CMA FREEDOM TO RETURN TO HIS COUNTRY
AS WELL AS FREEDOM TO CHOOSE RESIDENCE WITHIN BORDERS OF HIS
COUNTRY STOP I WOULD LIKE REAFFIRM THAT WE TOO FIRMLY UPHOLD
THIS PRINCIPLE STOP WHAT WE HAVE IN MIND WITH REGARD TO
PRESENT CASE IS TO MAKE SUCH PROCEDURAL ARRANGEMENT FOR EXIT
FROM JAPAN CMA ON BASIS OF ABOVE PRINCIPLE CMA AS WOULD BE
RECOGNIZED AS A SYSTEM THROUGH WHICH INDIVIDUAL KOREAN
RESIDENTS COULD FREELY EXPRESS THEIR OWN WILL STOP IN THIS
CONTEXT WE CONSIDER SYSTEM OPERATED WITH APPROVAL AND UNDER
GUIDANCE OF ICRC CMA WHICH IS AN INTERNATIONAL ORGAN
DEDICATED TO PROVIDING HUMANITATIAN AID AND UNIVERSALLY

RECOGNIZED AS STRICTLY IMPARTIAL AND NEUTRAL CMA WOULD BE
FAIREST AND MOST SUITABLE STOP WE HAVE NEVER THOUGHT OF
SUCH ARBITRARY PROCEDURE AS EXAMINING OR CHECKING IN CASES
OF REALLY FREE WILL HAVING BEEN EXPRESSED UNDER ABOVEMENTIONED
SYSTEM STOP IN THE LIGHT OF FOREGOING EXPLANATIONS I HOPE
YOU WILL UNDERSTAND IT IS INCONCEIVABLE THAT SUCH ARRANGEMENT
SHOULD QUOTE CONSTITUTE AN INFRINGEMENT UPON FUNDAMENTAL HUMAN
RIGHTS UNQUOTE STOP ON THE CONTRARY FUNDAMENTAL HUMAN RIGHTS
WILL BE RESPECTED AND PROTECTED BY SUCH ARRANGEMENT STOP
FURTHERMORE WE CONSIDER IT IS ABSOLUTELY NECESSARY IN A CASE
AS THE PRESENT ONE TO ADOPT SUCH METHOD IN ORDER TO
PREVENT OR DENY VARIOUS UNFOUNDED ALLEGATIONS AND
MISUNDERSTANDINGS AND TO CARRY OUT REPATRIATION SAFELY WITHOUT
OBSTRUCTION FROM OUTSIDE FOR POLITICAL REASONS STOP SINCE
SUCH MATTERS CANNOT BE FULLY EXPLAINED IN CONCRETE WAY BY
EXCHANGE OF CORRESPONDENCES CMA I THINK IT WILL BE HELPFUL
AND USEFUL FOR UNDERSTANDING OF PROBLEM THAT REPRESENTATIVE
OF YOUR SOCIETY HAS OPPORTUNITIES IN CENEVA OF HAVING
HEART-TO-HEART TALKS ON THOSE MATTERS STOP ACCORDINGLY I
HAVE HONOUR REQUEST YOU TO SEND GENEVA DULY AUTHORIZED
REPRESENTATIVE OR REPRESENTATIVES OF YOUR SOCIETY STOP
CORDIALLY TADATSUGU SHIMADZU PRESIDENT JAPANCROSS G119

REPUBLIC OF KOREA

MINISTRY OF FOREIGN AFFAIRS

July 20, 1959

MINISTRY'S ACTIONS FOR HIS EXCELLENCY'S APPROVAL

(Reference: KPO/248)

1. To make representation to the U.S. Embassy
in Seoul pursuant to the Oral Statement the draft of
which is attached herewith;

2. Soon after receiving U.S. reaction to the
above representation, to instruct Ambassador Yiu to
make representation to the Japanese Foreign Minister
by the Aide Memoire draft of which is attached herewith;

3. To instruct our Delegation in Geneva to
hand a copy of Ambassador Yiu's Aide Memoire to the
ICRC;

4. To inform all mission chiefs of our position;

5. To notify the Japanese Government that we
repatriate Japanese fishermen who served out their
sentences as of the date of Ambassador Yiu's representation
to the Japanese Government.

1067

/D R A F T/

ORAL STATEMENT

It is to be recalled that among approximately
two million Koreans residing in Japan as of the time
of termination of World War II, about 1.4 millions
were repatriated to the Republic of Korea and the
rest of them chose settlement in Japan. Naturally
with deep concern and in order to safeguard the
interests of its residents abroad, the Korean Govern-
ment has endeavored with sincerity in its talks with
the Japanese Government to regulate the status and
treatment of those remaining Korean residents.

On the other hand, it has been a consistent
policy of the Korean Government to receive all those
Korean residents in Japan who wished settlement in the
Republic of Korea, and it actually has received con-
siderable number of repatriates since the foundation
of the Republic. Such being the position of the
Korean Government, it has been ready to encourage mass
repatriation of Korean residents in Japan if it is
assured that the Japanese Government will pay due
compensation for these repatriates in view of the
special background of their forced migration into
Japan and sets no restriction on the property to be
carried with them in repatriation.

The Korean Government now considers it urgent
to settle once and for all the problem of Korean
residents in Japan to prevent the current situation
from being further deteriorated. Accordingly, the
/Korean Government

Korean Government is in the firm belief that the problem is to be settled best by direct and bilateral negotiation of governmental level.

The attention of the U.S. Government is invited to the fact that in 1951 the then-Supreme Commander for the Allied Powers stood between Korea and Japan extending good offices for settlement of the problem of Korean residents in Japan. The Korean Government believes that the United States Government has continued concern on the issue since a settlement of the issue is a great step to better relations between Korea and Japan ultimately leading to the peace of the Northeast Asia.

The Korean Government is ready to resume talks with the Japanese Government at any time and as soon as possible to discuss for settlement the issue if it can see a good prospect of such talks as a result of U.S. good offices.

- 1069

연표

일자		내용
1945년	10. 15	재일본조선인연맹(조련) 결성
1946년	10. 3	재일본조선거류민단 결성
1947년	3. 15	소련지구 인양에 관한 미소협정(1946.12.19)에 근거한 재일한인 북한으로의 인양사업 종료
1948년	8. 15	대한민국 수립
	9. 9	조선민주주의인민공화국 선포
	10. 4	재일본조선거류민단이 재일본대한민국거류민단(민단)으로 개칭
1950년	6. 25	한국전쟁 발발. 한반도와 일본 간의 도항 전면 중지, 한국으로의 인양사업은 사실상 종료(귀국자 총수 약 140만)
1951년	1. 9	재일조선통일민주전선(민전) 결성
1952년	2. 15	제1차 한일회담 개시
	4. 28	샌프란시스코 강화조약이 발효, 일본정부는 재일한인의 일본국적을 일률적으로 박탈
1953년	10. 21	제3차 한일회담 결렬
1954년	8. 30	북한 남일 외무상 성명 발표, 재일한인을 북한의 '공민'으로 규정
	1. 6	일본적십자사 국제적십자사(ICRC)를 경유해 조선적십자중앙위원회 앞으로 북한잔류일본인양에 대한 협조를 요청하면서, 재일한인 북송의향을 최초로 밝힘 [자료 1] Telegram of Mr. Shimadzu, President, Japanese Red Cross Society, 1954. 1. 6
	10. 11	대일관계에 대한 중소 양국의 공동선언에서 일본과 경제, 문화교류 및 국교정상화를 제안
1955년	2. 25	북한 남일 외무상 성명을 통해 일본과 경제, 문화교류 및 국교정상화를 제안
	5. 25	재일본조선인총련합회(조총련) 결성
	10. 22	제1차 일본 국회의원단과 북한 최고인민회의와 공동성명 발표
	11. 1	일조협회 제1회 전국대회
	12. 13	일본적십자사가 국제적십자위원회(ICRC)에 재일한인에 북한 귀국으로의 협력을 공식적으로 타진 [자료 2] Letter from Shimazu to Boissier, 1955. 12. 13
	12. 23	북한잔류일본인 인양협상을 위한 일본 대표단의 평양 파견 결정에 대해, 김용식 주일공사가 일본정부에 항의 구상서를 보냄 [자료 3] Note Verbale, from the Korean Mission to the Japanese Ministry of Foreign Affairs, 1955. 12. 23
1956년	1. 16	북한 내각결정 제7호 발표, 재일한인의 북한 유학생에 모든 편의를 제공할 것을 결정
	2. 8	북한잔류일본인 인양을 위한 평양협상 (-2.16)

일자		내용
1956년	2. 27	북한잔류일본인 인양에 관한 북일 공동코뮤니케 발표
	4. 6	북한귀국희망자 47명(이후 출산으로 48명)이 일본적십자사 앞에서 연좌시위 (1956년 12월 6일, 1957년 3월 31일 각가 자비로 북한으로 귀국)
	4. 30	ICRC 사찰단 북한, 일본, 한국 방문. 북송문제와 관련한 현지조사 착수
	6. 20	북한 내각결정53호. 일반 귀국자의 귀국 후 생활보장 등을 결정
	7. 16	ICRC, 한국, 일본, 북한 적십자사에 서간 및 각서를 송부 (1956년 12월12일, 1957년 2월 26일에도 서간 및 각서를 송부)
	8. 21	주한미대사가 미 국무성에 최초의 재일한인 북송희망자 문제를 보고하면서, "할 수 있는 일이 없다"는 입장을 피력 함. [자료 4] Telegram form Dowling to Noel Hemmendinge, 1956. 8. 21
1957년	2. 26	ICRC가 재일한인 북송문제와 관련한 현지 조사 후, 한국, 일본, 북한의 적십자사에 기술적 지원과 배선 등 ICRC의 책임소재를 밝히고 포괄적 해결 방안을 담은 각서를 보냄 [자료 5] ICRC Memorandum, 1957. 2.26
	4. 19	북한, 조선적십자중앙위원회를 통해 제1차 교육원조비 및 장학금을 조총련에 송금 (이후에도 송금은 지속 됨)
	12. 31	한일 간 부산억류 일본인과 오무라 수용소 재일한인 간의 상호석방에 합의
1958년	4. 15	제4차 한일회담 개시
	5. 27	조총련 제4회 전체대회
	6. 26	오무라 수용소 내 북한귀국희망자 집단이 단식투쟁에 돌입
	7. 14	김일성이 1958년 7월 소련 대사관 측에 대규모 재일한인 북송을 추진할 것임을 처음으로 통보 함 [자료 6] 조선민주주의인민공화국 주재 소련대사관 참사관 V.I. 페리쉔코와 조선민주주의인민공화국 수상 김일성동지와의 대담기록(1958. 7 . 14, 7. 15)
	8. 11	일본 가나가와 조총련계 재일한인 집단적 귀국결의
	8. 12	김일성이 소련 대사관 측에 재일한인의 집단적 귀국결의를 이끌어내기 위한 사전 작업과 북송 추진을 위한 구체적인 계획을 밝힘 [자료 7] 조선민주주의인민공화국 주재 소련대사관 참사관 V.I. 페리쉔코와 조선민주주의인민공화국 수상 김일성동지와의 대담기록(1958. 8. 12)
	9. 6	북한, 남일 외상, 재일한인의 귀국을 언제든지 받아들이고 생활과 교육을 전면적으로 보장한다고 성명
	9. 8	북한 김일성 수상, 북한 건국10주년 기념경축대회에서 재일한인의 북송을 환영한다고 연설
	11. 17	북송사업 지원을 위한 초당파 조직인 재일조선인귀국협력회 결성(고문: 하토야마 이치로 전 수상 외, 간사장: 호아시게이 일본사회당 중의원)
1959년	2. 13	일본 기시내각이 각의양해를 통해 북송사업 추진을 공식화 함 [자료 10] 「閣議了解に至るまでの内部事情」, 1959. 2. 13
	2. 14	일본정부는 ICRC를 설득해 북송사업을 조기완료하기 위해 이노우에 마스타로를 일본 적십자 대표로 선출하고 제네바에 파견 [자료 11] 「井上外事部長打合要領」, 1959. 2. 19
	2. 16	북한, 내각결정 16호, 귀국영접위원회 조직

일자		내용
	2. 16	한국, 재일한인북송반대전국위원회(전국위) 발족
	3. 14	한국의 제네바 외교로 인해 ICRC가 일본의 요청을 거부할 가능성이 높아지자, 미국은 다울링 주한 대사를 통해 한국이 한일회담 재개성명을 발표하도록 하는 중재안을 제시 116 _ 재일한인 북송문제 (1959): 국제인권규범 vs 국민주권수호 [자료 12] Report on Conversation with Ambassador Dowling, from Vice Minister of Foreign Affairs to His Excellency the President, 1959. 3. 16
	3. 18	미국의 덜레스 국무장관이 서울과 도쿄의 대사관에 ICRC를 배제한 북일 양자회담 반대 입장을 전달 [자료 13] Telegram form Dulles to Bankok, Saigon, Tokyo, Seoul, 1959. 3. 18
	3. 20	제네바에 파견된 일본대표단은 미국의 반대를 무릅쓰고 북한 측에 양자회담을 제안 [자료 14] Telegram from Shimazu to Pak Ki Ho, 1959. 3. 20
1959년	4. 13	북일 제네바 회담(~6.10)
	6. 15	한국, 대일무역전면 봉쇄(10.8 해제)
	7. 20	한국정부는 북송저지를 위해 한국과 일본 간의 재일한인 귀국협정을 추진하기로 결정 [자료 15] Ministry's Action for His Excellency's Approval(Reference: KP. O/248), 1959. 7. 20
	8. 13	'일본적십자사와 조선민주주의인민공화국적십자사 간에 재일조선인의 귀국에 관한 협정'(캘커타)을 정식조인
	8. 24	일조협회, 귀국협력회, 조총련 3단체가 귀국에 관한 3단체 연락회를 발족
	9. 3	일본적십자사가 북송절차의 가이드라인 귀환안내를 공표
	10. 27	귀환안내를 폐기하는 것에 대한 일본정부, 일본적십자사, 조총련 간의 양해 성립
	10. 29	미 국무부 북송사업지지 표명
	12. 14	제1차 귀국선 2척(소련제 크릴리온호, 토보로스크호)이 일본 니가타 항에서 북한 청진항으로 출항
1960년	4. 19	한국 4.19 혁명
	10. 27	북일 적십자회담(니가타)에서 북일 북송협정의 무수정 1년 연장을 합의(제1차)
1961년	5. 16	한국 군사쿠데타 발발
	7. 31	북일 적십자회 사이에 전문을 통한 북일 북송협정 무수정 1년 연장을 합의(제2차)
	11. 8	북일 적십자회담(니가타)에서 북일 북송협정 무수정 1년 연장을 합의(제3차)
1963년	8. 2	귀국협정의 재차 무수정 연장을 요구하는 북한 적십자 측에 대해 일본정부도 동의(제4차)
1965년	6. 22	한일기본조약과 부속합의 조인(한일 국교정상화)
1967년	4. 21	일본정부 현행협정기간 종료 3개월 전인 8월12일 부로 귀국신청 접수 중단
	11. 12	북일 북송협정 종료
1968년	1. 24	북일 적십자회담 결렬(콜롬보), 북송사업의 중단 확정
1970년	12. 14	북일 적십자 실무급 비공식회담이 개시(모스크바), 북송사업의 재개 논의

일자		내용
1971년	2. 5	북일 적십자 간에 귀환만료자의 귀환에 관한 잠정조치의 합의서와 금후 새로운 귀환을 희망하는 자에 대한 귀환방법에 관한 회담요록에 정식조인(모스크바)
	5. 14	제156차 귀국선 니가타 항을 출항(잠정조치)
	8. 20	귀국선의 교체(소련 선박에서 만경봉호로)
	12. 17	제162차 귀국선 니가타 항을 출항(사후조치)
1982년	1. 1	조선적 보유자에게도 일반영주권가 부여되고, 법적지위가 개선(1991년도에 한국 국적자를 포함해 특별영주권으로 일원화)
1984년	7. 25	제187차 귀국선 니가타항 출항(최후의 귀국선)
1990년	9. 28	자유민주당, 일본사회당, 조선로동당 간 3당 공동선언(1991년 북일국교정상화 회담에서 일본인 처의 고향방문 문제가 논의 됨)
1996년	-	귀국자, 일본인 처의 일부가 탈북한 뒤 중국을 경유해 일본에 입국, 정주를 시작 (2019년 현재 약 200명으로 추정)
1997년	1. 1~8. 15	북한거주 일본인 처 15인의 고향방문 실현(이후 2000년까지 3회에 걸쳐 43명이 고향방문)
2002년	9. 17	북일 평양선언, 김정일 국방위원장이 일본인 납치를 인정
2014년	5. 26~28	북일 정부 간 협의(스톡홀름)에서 잔류일본인, 일본인 처, 납치피해자 및 행방불명자를 포함한 모든 일본인에 관한 조사를 포괄적이고 전면적으로 실시하기로 합의 (2016년 2월 북한이 조사의 전면중지와 특별조사위원회의 해체를 선언)

찾아보기

인명색인